SAGGI

Dello stesso autore in edizione Garzanti:

Il dolore innocente (nuova edizione 2023)

Etica per giorni difficili (2022)

La mente innamorata (2022)

A proposito del senso della vita (2021)

I quattro maestri (2020)

Il coraggio e la paura (2020)

La forza di essere migliori (2019)

Hegel teologo. E l'imperdonabile assenza del «Principe di questo mondo» (nuova edizione 2018)

La via della bellezza (2018)

Il bisogno di pensare (2017)

Il coraggio di essere liberi (2016)

Dio e il suo destino (2015)

Questa vita (2015)

Io amo. Piccola filosofia dell'amore (2014)

Il principio passione (2013)

Io e Dio. Una guida dei perplessi (2011)

Presso altri editori:

Obbedienza e libertà. Critica e rinnovamento della coscienza cristiana (Fazi 2012)

La vita autentica (Raffaello Cortina 2009)

L'anima e il suo destino (Raffaello Cortina 2007)

Per amore. Rifondazione della fede (Mondadori 2005)

Dio e l'angelo dell'abisso. La visione cristiana del mondo (Città Nuova 1997)

VITO MANCUSO

NON TI MANCHI MAI LA GIOIA

Breve itinerario di liberazione

Garzanti

Prima edizione: novembre 2023

Per essere informato sulle novità
del Gruppo editoriale Mauri Spagnol visita:
www.illibraio.it

ISBN 978-88-11-00976-4

Printed in Italy

www.garzanti.it

NON TI MANCHI MAI LA GIOIA

«Non ti manchi mai la gioia.
Voglio, però, che ti nasca in casa: e ti nascerà, se sorge dentro di te.»

Seneca

«Scava dentro di te. Dentro è la fonte del bene, fonte inesauribile se scaverai sempre.»

Marco Aurelio

«Quanto maggiore è la Letizia da cui siamo affetti, tanto maggiore è la perfezione a cui perveniamo.»

Spinoza

«La gioia è il sentimento del reale.»

Simone Weil

«In fondo, il nostro unico dovere morale è quello di dissodare in noi stessi vaste aree di tranquillità, di sempre maggior tranquillità.»

Etty Hillesum

Fonti indicate nel testo al ricorrere delle citazioni.

Alla gioiosa memoria di
Etty Hillesum
(Middelburg, 15 gennaio 1914 -
Auschwitz, 30 novembre 1943)

1. *Un'antica fiaba orientale che parla di te*

Immagino che anche a voi sia successo di sentirvi in trappola, forse a qualcuno succede anche adesso. Ma cosa vuol dire sentirsi *in trappola*?

Vuol dire sentire che non puoi procedere, che non puoi retrocedere, e che stare fermo è terribile. Sei senza possibilità di andare, di tornare, di stare. Vorresti sparire, volatilizzarti, ma non sei un uccello, tanto meno un gas. Hai una consistenza materiale, e se tenti di passare attraverso le pareti ti fai solo male, lo sai ormai, è inutile riprovarci. Allora capisci che Tolstoj non stava esagerando. Prima, quando non eri in trappola, leggevi questa sua pagina e la trovavi eccessiva, la consideravi il gioco esagerato di uno scrittore a cui piace stupire per catturare l'attenzione, ma adesso, che sei in trappola, non è più così, e mentre leggi queste sue parole senti che parla proprio *di te*:

> Da tempo immemorabile si narra l'antica fiaba orientale del viaggiatore sorpreso nel deserto da una belva inferocita; per salvarsi dalla belva il viaggiatore si precipita verso un pozzo asciutto, ma nel suo fondo scorge un drago che spalanca le fauci per divorarlo. Lo sventurato, non potendo restar lì per non essere sbranato dalla belva e non potendo lasciarsi cadere nel pozzo, si aggrappa ai rami di un cespuglio selvatico che è cresciuto in una fenditura del pozzo, e si sorregge ad essi. Ma sente che la presa gli manca e capisce che ben presto cadrà preda della morte che lo minaccia da ogni parte; tuttavia continua ostinatamente a restare aggrappato a quei rami, e all'improvviso vede sbucare due topi, uno bianco e l'altro nero, che incominciano a rodere il fusto del cespuglio, che da un momento all'altro cederà ed egli precipiterà nelle fauci del drago. Il viaggia-

tore vede tutto questo e capisce che la sua fine è inevitabile, ma guardandosi attorno, rimanendo sempre aggrappato, vede delle gocce di miele sulle foglie del cespuglio, riesce a raggiungerle con la lingua e le lecca.[1]

Questo mio libro è un piccolo saggio di *filosofia della liberazione*. L'espressione qui va intesa nel suo senso *esistenziale*, cioè come liberazione dalle trappole dell'esistenza. Dico liberazione, non consolazione, perché non assegno a queste mie pagine l'obiettivo di rappresentare piccole gocce di miele consolatorio nel breve lasso di tempo prima che il fusto del cespuglio si spezzi e che il drago dalle fauci spalancate in fondo al pozzo ci divori. No, il mio obiettivo è molto più ambizioso, e consiste nella vera e propria sconfitta di quel drago in fondo al pozzo e di quella belva in superficie che ci vogliono divorare, e anche di quei due antipatici topi che stanno rosicchiando il cespuglio salvavita: perché tutti loro (il drago, la belva, i topi, e tutte le altre innumerevoli fiere che si possono concepire, come la lonza, il leone e la lupa incontrati da Dante nei pressi della selva oscura, o come lo scarafaggio in cui Kafka trasformò Gregor Samsa mentre dormiva nel letto di camera sua)[2] esistono in realtà solo dentro di noi. Sono i nostri pensieri sbagliati. Quelli che ci portano a considerare la vita come un viaggio destinato a finire in fondo a un pozzo senz'acqua nel deserto, e non per quello che veramente è.

Ma cos'è *veramente* la vita? È un laboratorio. Nel quale siamo alle prese con un esperimento. L'unico, non ne abbiamo altri. Può fallire, certo. Ma, come ogni vero esperimento, può anche riuscire. E come si capisce se l'esperimento riesce? Dalla gioia: dalla gioia di vivere da esseri umani. Infatti, «quanto maggiore è la Letizia da cui siamo affetti, tanto maggiore è la perfezione a cui perveniamo».[3]

[1] Lev N. Tolstoj, *La confessione* [1879-1882], ed. it. a cura di Gianlorenzo Pacini, Feltrinelli, Milano 2010, pp. 29-30.

[2] Cfr. Dante, *Inferno*, I,32,45,49 (la *lonza* corrisponde probabilmente alla lince) e Franz Kafka, *La metamorfosi* [1915], in Id., *La metamorfosi e altri racconti*, tr. di Emilio Castellani, Garzanti, Milano 1984[8], pp. 21-94.

[3] Baruch Spinoza, *Etica*, parte IV, Appendice, cap. 31 [1677, postuma], tr. di Remo Cantoni e Franco Fergnani, in *Etica* e *Trattato logico-politico*, Utet, Torino 1997, p. 339.

2. *Tre obiettivi*

L'esperimento vita consiste sostanzialmente nel tentativo di raggiungere questi tre progressivi obiettivi:

a) presa di consapevolezza della trappola e delle sue dimensioni;
b) individuazione della via di uscita;
c) cammino di liberazione in piccoli passi verso la libertà e la gioia profonda.

Se si perseguono metodicamente questi tre obiettivi e a poco a poco ci si avvicina loro sempre più (e dico *avvicinarsi* perché mai li si potrà raggiungere in modo compiuto), l'esperimento della vita si può dichiarare riuscito. Alcuni ce l'hanno fatta. E, a mio avviso, non sono neppure così pochi.

3. *La struttura della trappola*

La condizione strutturale di chi si trova in trappola venne individuata alla perfezione duemila anni fa dal poeta latino Ovidio descrivendo il suo rapporto con Corinna, nome letterario della sua donna altrimenti sconosciuta: «*Nec sine te, nec tecum, vivere possum*»; «Né senza di te, né con te, sono capace di vivere».[4] Tale condizione è stata cantata ai nostri giorni dagli U2 esattamente allo stesso modo: «*With or without you / with or without you / I can't live / with or without you*»; «Con o senza di te / con o senza di te / io non posso vivere / con o senza di te».[5]

Le citazioni insegnano che non si è in trappola quando si hanno delle difficoltà o dei problemi, perché questa è la condizione pressoché normale del vivere, che non è quasi mai una vacanza; si è in trappola, piuttosto, quando la situazione in cui ci si trova è del tutto insostenibile e al contempo però qualunque ipotizzabile rimedio lo è altrettanto, forse anche di più. La trappola è tale perché non possiamo fare a meno di ciò che ci intrappola. Con Corinna la vita era diventata un inferno, ma senza di lei lo

[4] Publio Ovidio Nasone, *Amori*, III,11,39, ed. it. a cura di Ferruccio Bertini, Garzanti, Milano 2008[5], p. 168.

[5] U2, *With or Without You*, nell'album *The Joshua Tree*, 1987.

sarebbe stata persino di più. Riuscite a immaginare una situazione del genere? L'avete mai provata? Ci siete dentro ora?

4. *Quando nasce la consapevolezza della trappola*

Io penso che tutti noi siamo in trappola. Penso cioè che l'essere intrappolati riguardi l'esistenza umana nella sua totalità. Con alcune precisazioni, è chiaro: 1) esiste una gradualità dell'intrappolamento a seconda delle persone e delle fasi della vita personale; 2) ne esiste una a seconda delle epoche e dei luoghi; 3) non tutti arrivano a rendersi conto di essere in trappola; 4) non tutti quelli che se ne rendono conto riescono a individuare un itinerario di liberazione; 5) non tutti quelli che se ne rendono conto e individuano un itinerario di liberazione lo percorrono; 6) non tutti quelli che partono arrivano; 7) nessuno arriverà mai permanentemente alla liberazione totale in quanto pienezza della libertà e della gioia.

Ma fatte queste basilari precisazioni, io penso che la condizione dell'essere intrappolati costituisca la condizione della vita autenticamente pensante alle prese con se stessa. Ho detto vita *autenticamente pensante* perché fino a quando non si pensa veramente se stessi ma si pensa solo *a* se stessi (differenza decisiva su cui tornerò); fino a quando ci si limita a far coincidere la vita con il mondo esterno nel suo proporsi come divertimento, economia, politica, sport, spettacolo e tutte le altre cerimonie della processione che chiamiamo *società*, e che sarebbe più appropriato chiamare *mondanità*; fino a quando ci si limita alla scorza di ciò che si vede e di ciò che si è; fino a quando non si penetra dentro di sé chiedendosi «e io, in questa processione, che ci faccio? quale bandiera di quale squadra sto sventolando?»; fino a quando sono gli altri e la mondanità il principio direttivo dell'agire perché si vuole fare colpo, sedurre, farsi invidiare, farsi invitare, o anche solo, più modestamente, farsi accettare; fino a quando insomma non ci si confronta con la propria radicale solitaria *singolarità*; fino a quando si vive a questo livello dell'esistenza si può ritenere di non essere in trappola ma di avere al massimo qualche problema.

Ma quando si inizia a pensare non più a se stessi bensì *se stessi*; quando cioè il sé, da complemento di termine a cui tutto deve *terminare*, inizia a diventare un complemento oggetto da *oggettivare* e così analizzare; quando si inizia a distillare il nostro vero sé liberandolo da tutti i fumi, le musiche, le maschere e le apparenze; quando l'obiettivo non è più il successo ma diventa finalmente la verità, e la sua prima necessaria manifestazione che si chiama sincerità; quando si comincia a considerare l'ingiustizia strutturale della convivenza sociale e della macchina economica come un prodotto non solo della società ma anche di se stessi; quando giunge alla mente l'immenso dolore del vivere e dei viventi in tutte le sue espressioni sapendo che anche noi l'alimentiamo, a partire proprio dalla nostra alimentazione; quando diviene impossibile continuare a sopportare ulteriormente la rete di menzogne che avvolge il parlare, il dichiarare e il precisare degli esseri umani; quando si dismette il sorriso d'ordinanza e il volto inizia a tornare padrone di sé e delle proprie espressioni; quando un giorno all'improvviso si viene attraversati chissà perché da un bisogno salvifico di pulizia e di aria fresca, e si apre la porta e si abbandona di scatto il locale affollatissimo della mondanità dove tutti ti parlano e nessuno ti ascolta, dove tutti ti guardano e nessuno ti vede, dove tutti ti stringono e nessuno ti è vicino; quando il pensiero inizia a formarsi liberamente nella mente al servizio del cuore, e non più del ventre e del basso ventre e della volontà di potenza dell'ego; quando tutto questo o qualcosa di simile avviene, allora, inevitabilmente, insieme al vento fresco della liberazione, sale dal profondo una voce che ti dice: sei in trappola. Siamo in trappola.

5. Quanto più nutrono, tanto più legano

Non esiste epoca, stagione o anche solo momento dell'avventura umana che, risvegliandosi alla consapevolezza e all'onestà intellettuale (la forma più preziosa di onestà, da cui procedono tutte le altre), non abbia provato l'amara esperienza di essere in trappola. Le mitologie, le religioni, le filosofie ne danno ampia attestazione. Gli ambiti vitali, proprio perché danno vita e risultano indispensabili, legano a sé e quindi intrappolano. Nello stesso momento in cui ti danno vita, ti tolgono libertà. Tu non ne puoi fare a meno, e loro ti imprigionano dentro di sé.

Possiamo vivere senza l'amore? La risposta ovviamente è no, ma l'innamoramento e l'amore sono non di rado un assillo, un travaglio, un incubo da cui non si riesce a liberarsi. Lo mostrano Ovidio con Corinna, gli U2 con l'anonima persona della canzone citata, e tutta la letteratura universale che attesta l'assonanza, esistenziale oltre che linguistica, del binomio amore-dolore. Shakespeare fa parlare così Romeo rivolto a se stesso mentre sente divampare l'amore per Giulietta: «Torna indietro, o inanimata argilla del mio corpo, e ritrova il tuo centro».[6] La centratura più entusiasmante ma al contempo il decentramento più indebolente, la gioia più intima ma al contempo la sofferenza più penetrante, la generosità senza confini ma al contempo un astio altrettanto illimitato, provengono proprio da quel sentimento incontrastabile che chiamiamo amore.

Possiamo vivere senza la famiglia, o quella d'origine, o quella che ci siamo formata, o quella che vorremmo formarci, sia pure talora in forma diversa da quella tradizionale? No, c'è una tensione insopprimibile verso la vita insieme ad altri esseri umani. Eppure, quanta prigionia proviene dalla convivenza degli esseri umani tra loro: per i figli, anzitutto, la cui crescita si compie come un progressivo cammino di autonomia denominabile guerra d'indipendenza; poi per i genitori, la cui prigionia è persino maggiore dato che si ritrovano da un lato inevitabilmente legati ai figli e dall'altro legati ancora agli anziani genitori sempre più bisognosi di aiuto, intrappolati in una manovra a tenaglia perfettamente riuscita. E quell'anello al dito? A chi non è capitato di percepirlo talora come una palla al piede, sentendosi proprio come quei galeotti di un tempo a cui veniva impedito il movimento con una sfera di piombo alla caviglia? Così ci si ritrova, volenti o nolenti (ma il più delle volte nolenti), a costituire una trappola gli uni per gli altri: a percepire il proprio marito, la

[6] William Shakespeare, *Romeo e Giulietta* [1595], atto II, scena 1, tr. di Cino Chiarini, in William Shakespeare, *Teatro*, a cura di Mario Praz, Sansoni, Firenze 1953, vol. I, p. 860.

propria moglie, i figli, la madre, il padre, gli altri eventuali parenti, persino gli amati animali domestici, come una trappola. Senza calcolare che le trappole esteriori e più ancora interiori che ci provengono dalla famiglia sono così radicate in noi da passarci la vita dentro anche quando la famiglia non c'è più, o ce n'è un'altra. Non sappiamo dove si trovano, ma ne avvertiamo persistentemente il dolore che proviene dai meccanismi che le fanno regolarmente scattare.

E il sapere? Non ci sono dubbi che esso è lo strumento più efficace di liberazione, ma è altrettanto vero che può trasformarsi abbastanza facilmente in una catena tra le più pesanti. Che il sapere liberi è del tutto intuitivo, ognuno vede da sé come l'istruzione e la conoscenza dissipino la nebbia dell'ignoranza che impedisce di nominare la realtà per quello che è e che fa rimanere in balìa del pensiero altrui. Quando si sa, e si è in grado di esprimere quello che si sa, si è in possesso dell'arma principale per difendere la propria autonomia. Volendo il bene dei suoi ragazzi, e vedendo l'ignoranza a cui sarebbero stati destinati per il fatto di crescere senza istruzione nelle campagne del dopoguerra, don Milani, ben più che in chiesa, decise di condurli quotidianamente in classe e fondò la scuola di Barbiana. Proprio per il suo potere cognitivo, però, il sapere può generare in chi lo possiede un atteggiamento di superbia e di chiusura che è una delle peggiori trappole della mente. Ci sono persone che ritenendo di sapere tutto non ascoltano autenticamente più niente e nessuno, se non quanto basta per criticare e confutare l'interlocutore e così esibire vittoriosamente il proprio potere intellettuale. Senza sapere si è preda dell'ignoranza, con il sapere si è a forte rischio di supponenza.

Il lavoro: anche solo per meri motivi economici non si può vivere senza, ma, quando si lavora, capita non di rado di sentirsi nel posto sbagliato, di provare la sgradevole sensazione di essere nulla più di uno strumento, un limone che altri stanno spremendo, in alcune circostanze addirittura uno schiavo alla catena. Oggi il fenomeno della cosiddetta *Great Resignation* o Grandi dimissioni attesta esattamente questo malessere: si lavora perché non se ne può fare a meno, ma, non appena se ne può fare a meno, ci si dimette dal lavoro per ritornare padroni di sé.

Per fare che cosa, però? In realtà, se non si ha un'occupazione tramite cui costruire qualcosa nella vita anche a prescindere dalla retribuzione (perché, potendoselo permettere, si può lavorare anche per puro spirito di volontariato), viene a mancare qualcosa di essenziale nella vita. Anzi, io penso che una delle più grandi fortune consista proprio nel trovare un lavoro che sia una grande passione che ci faccia lavorare intensamente. Se infatti lavorare stanca, è altresì vero che la stanchezza maturata facendo il lavoro che si ama è bellissima, appagante, di certo molto meglio della noia dell'assenza di attività.

È possibile continuare così per ogni altro ambito vitale: la passione politica, la passione sportiva, il gioco, il desiderio di viaggiare, gli amici, la religione... Tutto ciò che veramente riempie la nostra vita è al contempo causa di prigionia perché limita, e talora toglie, la libertà. Ne viene che di ogni persona o esperienza o ambito veramente importante siamo costretti a dichiarare sempre di nuovo: *Nec sine te, nec tecum, vivere possum.*

6. Una trappola del tutto particolare

C'è poi una peculiare situazione intrappolante che riguarda in particolare le donne. Si tratta di una questione assai delicata e può suonare supponente da parte mia, che non sono una donna, anche solo il formularla, tant'è che ho riflettuto non poco sull'opportunità di scriverne. Se però, com'è evidente da quanto segue, alla fine mi sono deciso per il sì, è stato per il fatto che qui non pretendo di offrire soluzioni definitive, né tanto meno presento moniti e giudizi, ma mi limito a delineare la condizione della trappola. La quale, in questo caso, riguarda la generazione dei figli.

Con l'espressione *generazione dei figli* non intendo solo il concepire e il mettere al mondo bambini; intendo, più profondamente, proprio il generarli nella loro condizione complessiva di figlie e di figli. Si può crescere, infatti, essendo sì fisicamente figli, ma non *sentendosi* realmente figli, cioè senza quel sentimento di fiducia e di sicurezza che proviene dalla condizione psichica della figliolanza (e che porta gli esseri umani a chiamare Dio con il nome di *padre* e a rivolgersi alla Terra chiamandola *madre*). Ma se non ci si sente figli, è perché non lo si è mai realmente *diventati*.

Per diventarlo non basta essere nati da una donna. Perché una donna sia sentita e vissuta in profondità come la propria *madre*, la dimensione biologica è sì importantissima, ma da sola non basta. Per istituire quel legame indistruttibile, preziosissimo, assolutamente vitale che si chiama maternità (*ex parte matris*) e figliolanza (*ex parte filii*) la biologia non è sufficiente. Oltre a essa occorre la dedizione psichica; oltre al corpo, il sentimento; oltre la gestazione, l'amore. Anzi, è soprattutto tramite quell'energia calorosa e potente che chiamiamo amore che si diventa pienamente madri e che ci si sente pienamente figli. L'amore è così decisivo da risultare persino più importante delle pur fondamentali componenti biologiche e genetiche.

L'amore però non è solo sentimento, è anche e soprattutto lavoro, lavoro come accudimento. È tempo dedicato. È presenza fisica e psichica. È cura quotidiana. L'amore tramite cui si diventa pienamente madri e ci si sente pienamente figli si sostanzia come dedizione assidua soprattutto nei primissimi anni di vita della bambina e del bambino, in quel periodo assolutamente decisivo per l'esistenza comprensivo dei nove mesi di gestazione. È quanto sostiene la *teoria dei primi mille giorni*. Questo periodo che va dal concepimento ai primi due anni di vita è stato individuato come assolutamente decisivo per la vita della bambina e del bambino, sia per la salute fisica, visto che molte malattie che si svilupperanno da adulti hanno le loro radici proprio qui, sia per la salute psichica, visto che per molte psicosi vale esattamente lo stesso. Come riporta un ampio studio australiano, vi è una «crescente quantità di prove che mostrano come le esperienze di questo periodo abbiano conseguenze durature per tutta la vita sulla salute e sul benessere complessivo».[7] Per quanto attiene al piano psichico, lo psicanalista Stefano Bolognini (consapevole di proporre una tesi «piuttosto ardita e non molto *politically correct*») sostiene che «alla base di molte angosce ci sia oggi una insufficiente fase fusionale iniziale tra

[7] Cfr. Tim Moore, Noushin Arefadib, Alana Deery, Sue West (a cura di), *The First Thousand Days: An Evidence Paper*, Centre for Community Child Health, Victoria 2017, p. 1, reperibile online.

l'infante e la madre, che fa arretrare il baricentro relazionale del bambino verso di sé, anziché verso l'oggetto».[8] La conseguenza di questa insufficienza di tempo e di cura materna genera nella bambina e nel bambino una sfiducia verso la realtà esterna che fa arretrare verso se stessi, producendo così personalità tendenzialmente immature, incapaci nel futuro di aprirsi e di donarsi veramente.

Tramite le parole di Bolognini ecco delineata alla perfezione la struttura della trappola: «La maggior parte delle mamme lavora, il che va benissimo da mille punti di vista. Il passaggio cruciale è però il tempo di ritorno al lavoro, perché contrattualmente molte di loro devono rientrare troppo presto, e la funzione simbiotica, fisiologica, con il piccolo viene rotta con grande anticipo».[9] Come definire questa trappola? Emancipazione femminile *contro* bisogno materno? Realizzazione di sé come donna *contro* realizzazione di sé come madre? Economia *contro* umanità? Successo professionale *contro* successo educativo? Quello che a mio avviso è sicuro è che si tratta di una trappola, perché nessuno dei due poli è sacrificabile: né la realizzazione umana e professionale della donna, né la salute fisica e psichica della bambina e del bambino. *Nec sine te, nec tecum, vivere possum.*

Post scriptum: e il padre?, qualcuno potrebbe chiedere. Dov'è in tutto questo il padre? È chiaro che il discorso sulla necessità della cura e del tempo dedicato vale allo stesso modo anche per lui. Inoltre, se non bastano nove mesi di gestazione e il travaglio del parto per essere pienamente madre, figuriamoci se per essere padre basta il momento di un amplesso. È però evidente che in quei primi mille giorni così cruciali nulla è paragonabile per il bambino o la bambina alla madre, al calore del suo corpo, al suo profumo, alla sua voce.

[8] Stefano Bolognini e Luca Nicoli, *Freud e il mondo che cambia. Psicoanalisi del presente e dei suoi guai*, Enrico Damiani Editore, Brescia 2022, p. 129.
[9] *Ivi*, p. 31.

7. Il mondo in uno schermo

La condizione della trappola, come ho detto, è una consapevolezza antica. Forse nasce con la consapevolezza stessa, nel senso che abbiamo iniziato a pensare autenticamente quando siamo diventati consapevoli degli ostacoli che rendono problematica la nostra libertà. Una delle più lucide descrizioni della trappola è opera di Platone con il *mito della caverna*, da cui si apprende che la nascita della consapevolezza coincide con la presa di coscienza di trovarsi prigionieri in una caverna e del fatto che *tutti* sono in questa caverna, incatenati, e scambiano le ombre per la realtà, mentre non hanno la minima idea della vera realtà della vita, dei suoi valori, delle sue gerarchie, delle poche cose che davvero contano.

Oggi noi non facciamo fatica a seguire Platone quando scrive che tutti guardano fissi la parete della caverna su cui scorrono le ombre degli oggetti proiettate dalla luce di un fuoco acceso all'ingresso della caverna: «Qui stanno fin da bambini, con le gambe e il collo incatenati così da dover restare fermi e da poter guardare solo in avanti, giacché la catena impedisce loro di girare la testa».[10] Non facciamo fatica perché parla di noi. Basta considerare quante persone se ne stanno con gli occhi incollati allo schermo del cellulare avvinti da una catena immateriale ma non meno stringente e si fanno un'idea complessiva della realtà solo a partire da quello che appare lì e da come appare lì, senza curarsi in alcun modo di tutto il resto che lì non appare e che per loro semplicemente non esiste. *Il cielo in una stanza*, cantava Gino Paoli più di sessant'anni fa, musica e poesia sugli incontri d'amore con una donna. *Il mondo in uno schermo*, cantano oggi i nostri giorni, triste prosa della condizione della mente di molti di noi. Il progressivo impoverimento del linguaggio ne è un indiscutibile indicatore. Con la sua consueta profondità Umberto Galimberti ricorda due ricerche del linguista Tullio De Mauro, dalla prima delle quali, condotta nel 1976, emergeva che un ginnasiale medio conosceva all'incirca 1600 parole, e dalla secon-

[10] Platone, *Repubblica*, VII,514 A, ed. it. a cura di Mario Vegetti, Bur, Milano 2013^4, p. 841.

da, condotta nel 1996, che il numero era sceso a una media tra 600 e 700 parole. Galimberti aggiunge di stimare che oggi i giovani «se la cavino con 300 parole, se non di meno», e commenta: «È un problema? Sì, è un grosso problema perché, come ha evidenziato Heidegger, noi riusciamo a pensare limitatamente alle parole di cui disponiamo, perché non riusciamo ad avere pensieri ai quali non corrisponde una parola».[11]

Forse davvero ci avviamo a essere sempre più simili agli umani privi di educazione incatenati nella caverna descritti da Platone, a veri e propri *trogloditi*, termine che alla lettera significa esattamente «abitatori della caverna» (anche se Platone, per dire caverna, non usò il termine *trṓglē*, ma il termine *spḗlaion*). La differenza specifica è che ciò che imprigiona gli attuali trogloditi non è la vecchia e visibilissima catena di ferro, ma quella nuova, invisibile, che fuoriesce dal cellulare.

8. *La valenza sociopolitica della* religio

Se da sempre gli esseri umani hanno sperimentato la trappola, il nostro intrappolamento rispetto alle epoche passate presenta una peculiarità tutta sua, che emerge proprio nel confronto con il passato, compreso il passato recente.

L'ambito vitale più importante delle epoche passate, e quindi al contempo l'origine più radicale della prigionia, era la religione. Già il termine *religio* lo indica, con quella radice *lg* che rimanda, esattamente come in italiano, all'azione del *legare* e al risultato del *legame*. La religione teneva unito tutto, e, legando a sé tutto, collegava tra loro tutti. Tutti ne erano nutriti e, al contempo, intrappolati. Anche coloro che si schieravano contro la religione come gli atei e gli anticlericali erano in realtà determinati dalla religione che intendevano negare. Così trascorrevano le esistenze degli esseri umani nei clan, nelle tribù, nelle *pólis*, nelle repubbliche, negli imperi, negli stati nazionali. La vita generale era scandita dalla religione con le sue feste, i suoi precetti,

[11] Umberto Galimberti, *La parola ai giovani. Dialogo con la generazione del nichilismo attivo*, Feltrinelli, Milano 2018, p. 192.

i suoi divieti, le sue dottrine, i suoi ministri, le sue devozioni. Neppure con l'avvento della modernità la struttura di fondo mutò: mutò la religione (com'era mutata prima nel passaggio dall'epoca classica alla cristianità medievale), ma non il fatto che le opere e i giorni avessero un dio e un culto di riferimento.

L'epoca moderna infatti rappresentò la progressiva sostituzione del Dio cristiano con il Dio della modernità, vale a dire lo Stato: o lo Stato esistente, nel caso della destra conservatrice e liberale; o lo Stato non esistente da costruire nel futuro, nel caso della sinistra socialista e comunista. Dal punto di vista teologico-politico (cioè da quella prospettiva globale che afferra totalmente l'esistenza, in quanto assegna un valore religioso alla prassi politica e una traduzione politica alla fede religiosa) la modernità consistette nel passaggio dal Dio trascendente al Dio immanente: dal Dio che aveva la sua suprema epifania terrena nella Chiesa, al Dio che l'aveva nell'idea di Stato; nazionale nel caso della destra, internazionale nel caso della sinistra.

Gli Stati assolutistici del Seicento segnalano nel modo più chiaro questa trasformazione della *religio*, a compimento della quale all'inizio dell'Ottocento, il 2 dicembre 1804, si ebbe il vertice della autoincoronazione imperiale di Napoleone al cospetto del papa. Otto secoli prima, nel 1077, l'imperatore Enrico IV si era dovuto umiliare stando al freddo per tre giorni nel cortile del castello di Canossa prima di poter essere perdonato da papa Gregorio VII; ora, al culmine della modernità, toccò al papa nella persona di Pio VII essere umiliato dall'imperatore, visto che Napoleone si mise sul capo la corona da sé. Così, quello che un tempo era stata la religione, divenne la politica; quello che un tempo era stata la liturgia, divennero gli eventi della politica. Durante il Novecento si andava a votare con lo stesso fervore e la stessa devozione con cui, prima, si era andati a Messa. E si partecipava alle manifestazioni politiche con la stessa fede con cui, prima, si era sfilati in processione dietro l'Ostia consacrata del *Corpus Domini* o la statua della Madonna o del Santo. In entrambi i casi però, sia prima sia dopo l'avvento della modernità, vi era comunque un Dio che teneva unite, e quindi intrappolate, le esistenze degli esseri umani.

9. *No* religio, *no* societas

Per liberarsi almeno un po' dai morsi della trappola le epoche passate dovettero progressivamente negare Dio, le dottrine religiose, le Chiese; lo fecero, e fecero bene: bisognava respirare. Così nacque la modernità. Anche la modernità però ebbe a sua volta il suo Dio, rappresentato dallo Stato, altrettanto vitale e altrettanto intrappolante. Sorse quindi la necessità di un'altra guerra di liberazione, questa volta dalla dittatura della politica, la quale, soprattutto con i totalitarismi di destra e di sinistra, giunse a essere persino più oppressiva della precedente dittatura religiosa. Alla fine, al termine della modernità, anche la divinità della politica è venuta meno.

Così noi oggi siamo rimasti senza un Dio (trascendente o immanente, a questo livello del discorso poco importa) che, legandoci a sé, ci leghi e ci colleghi tra noi, gli uni con gli altri. La perdita della *religio* coincide con lo sfaldamento della *societas*. Questa assenza di legame strutturante, però, ben lungi dal rappresentare l'uscita definitiva dalla trappola e l'avvento della perfetta libertà, configura solo una trappola diversa, almeno altrettanto insidiosa.

10. Non più tre

La specificità del nostro essere in trappola in quest'epoca definita postmoderna, e da alcuni ormai *postumana*, consiste nel fatto che questa nostra epoca, a differenza di tutte le altre susseguitesi dai primordi della civiltà, è definita non più da tre idee fondamentali ma solo da due. Le tre idee fondamentali che tradizionalmente costituivano le basi del pensiero e della stabilità psichica degli individui e delle società erano le seguenti, nell'ordine in cui venivano classicamente definite: Dio, Uomo e Mondo.[12] Nella loro configurazione più o meno armoniosa Dio, Uomo e Mondo costituivano da sempre ciò che tradizionalmente viene definito *filosofia*, o anche *visione del mondo*, *ideologia*, *sistema*, *dottrina*; insomma, quell'insieme di idee e di orientamen-

[12] Cfr. per esempio Karl Löwith, *Dio, Uomo e Mondo nella metafisica da Cartesio a Nietzsche* [1967], ed. it. a cura di Orlando Franceschelli, Donzelli, Roma 2000.

ti sull'essere e sui valori che costituiscono il pensiero e il codice di comportamento di un essere umano e che determinano lo stile complessivo di vita dei singoli e delle società.

Oggi però queste idee fondamentali non sono più tre, ma due, perché la seconda ha divorato la prima. Anzi ritengo si possa sostenere che ha iniziato ormai a divorare anche la terza, visti la crisi ecologica e il cambiamento climatico. Alcuni sostengono che siamo entrati in una nuova era geologica detta *antropocene* per il fatto che il principale attore delle sorti del pianeta è l'essere umano. Ma senza una o più divinità in cui sperare, e mediante cui celebrare le gioie e i dolori dell'esistenza, e con cui soprattutto moderare la voracità dell'Io; e senza un mondo naturale pulito, libero, selvaggio e misterioso in cui abitare, che ne sarà degli esseri umani? Che fine faranno fare al pianeta, e che fine faranno loro, questi miliardi di individui che non conoscono altro assoluto che se stessi, il loro profitto, il loro divertimento? Questi invasati adoratori del Dio Io?

11. Pensare vuol dire dirigere

Il pensiero, per un essere umano, non è la semplice opinione. Pensare non è opinare. Pensare è dirigere. Il pensiero è la struttura in base a cui un essere umano si muove nel mondo e compie o non compie delle azioni: sceglie chi incontrare e chi no, cosa mangiare e cosa no, di cosa nutrire la sua psiche, se nutrire anche il suo spirito oppure dichiararlo inesistente, come vestirsi, come parlare, a quali esperienze dare il primato, da quali invece tenersi il più possibile alla larga, chi considerare amico, chi nemico, chi neppure esistente. Il pensiero è ciò che Marco Aurelio definiva *tò ēgemonikón*, espressione greca che Cicerone traduceva in latino *principatum* e che in italiano è resa al meglio con *il principio direttivo*: «Ciò che io sono, qualunque cosa sia, altro non è se non un po' di carne, soffio vitale e il principio direttivo».[13] Per

[13] Marco Aurelio, *Pensieri*, II,2, ed. it. a cura di Maristella Ceva, Mondadori, Milano 1994^2, p. 25. Così Cicerone: «Io chiamo *principatum* quello che i greci chiamano *ēgemonikón*», in *De natura deorum*, II,11.

questo pensare significa *dirigere*. E ciò che dirigiamo pensando è la nostra vita.

Che lo vogliamo o no, che ne siamo consapevoli o no, tutti noi agiamo in base all'intuizione fondamentale di cosa nella vita è importante, ovvero in base alla visione del mondo e alla gerarchia dei valori che procedono dal nostro pensiero. Non è per nulla vero, come sosteneva Feuerbach, che «l'uomo è ciò che mangia». È vero, piuttosto, che *l'uomo è ciò che pensa*, perché anche ciò che uno mangia dipende da ciò che egli pensa. Ogni nostra azione deriva da qui: da ciò che riteniamo valore e da ciò che riteniamo disvalore; da ciò che consideriamo giusto e da ciò che consideriamo ingiusto; da ciò che è conforme al nostro gusto e da ciò che ci provoca disgusto. Tutto procede da questo centro interiore. Ha scritto Hannah Arendt: «Ciò che si fa dipende da ciò che si è».[14] È vero, ma occorre ulteriormente precisare che ciò che si è dipende da ciò che si *vuole* essere. E ciò che si vuole essere, ovvero la nostra passione, costituisce il nostro desiderio fondamentale, la nostra idea-guida, la nostra emozione vitale, il vero e proprio *ēgemonikón* o principio direttivo; ovvero, per usare il termine più classico e più frequente usato da sempre da tutte le culture, il nostro *Dio*. È il Dio che è in noi, di cui Seneca scriveva così: «Dio è vicino a te, è con te, è dentro di te. Secondo me, Lucilio, c'è in noi uno spirito sacro, che osserva e sorveglia le nostre azioni, buone e cattive; a seconda di come lo trattiamo, lui stesso ci tratta. Nessun uomo è virtuoso senza dio». Per poi concludere citando Virgilio: «In ogni uomo virtuoso *abita un dio* (*quale non si sa*)».[15]

12. La necessità di un Dio

Dio è una condizione necessaria dell'esistenza umana a livello psichico. La psiche umana non può fare a meno di un ideale, di

[14] Hannah Arendt, *Alcune questioni di filosofia morale* [1965-1966], tr. di Davide Tarizzo, Einaudi, Torino 2006, p. 89.

[15] Seneca, *Lettere a Lucilio*, 41,1-2, ed. it. a cura di Caterina Barone, Garzanti, Milano 2015^{10}, p. 199. Le ultime parole in corsivo sono una citazione di Virgilio, *Eneide*, VIII,352: «(*quis deus incertum est*) *habitat deus*».

uno scopo, di un valore in base a cui vivere, lavorare, progettare, sognare e poi anche morire; e tale ideale, scopo e valore sommo è esattamente ciò che Dio, psichicamente inteso, rappresenta. Non c'è prima Dio (soggetto) e poi l'ideale (predicato); no, prima c'è l'ideale, che è il vero e proprio soggetto e che assume una tale importanza per l'esistenza da rivestire il ruolo assoluto per descrivere il quale la mente umana coniò come predicato il concetto di Dio. In altri termini, non tanto: «Dio è amore», cioè prima Dio e poi l'ideale; quanto piuttosto: «L'amore è Dio», o anche: «L'amore è un Dio», cioè prima l'ideale e poi il concetto di Dio quale predicato che ne connota l'importanza suprema.

Come ho detto, la modernità, dopo aver superato il Dio trascendente della metafisica cristiana, prese a individuare lo Stato come valore supremo e a adorarlo come un Dio: o lo Stato che c'era già e che si doveva conservare, o quello che si sarebbe costruito tramite la rivoluzione dopo aver abbattuto l'esistente. Molti degli uomini che durante la modernità si dicevano atei lo erano rispetto al Dio del cristianesimo e a qualunque altra divinità trascendente, ma non lo erano per nulla dal punto di vista psichico, essendo tutti animati da un profondissimo senso della sacralità dello Stato che per loro rappresentava l'assoluto ed era molto più forte dell'interesse privato. Non credevano in un Dio trascendente, ma possedevano il senso della riverenza rispetto alla divinità, da essi collocata nello Stato. A prescindere dalla forma costituzionale, se monarchica o repubblicana, e dall'orientamento politico, se conservatore o progressista, per tutti loro lo Stato era sempre *Res publica*, bene comune, anzi Bene comune; e non vi era nulla di più sacro. In loro vibrava il medesimo sentimento religioso di Socrate rispetto alla Polis, e di Catone rispetto all'Urbe.

13. Le tre metamorfosi

Oggi noi viviamo la terza metamorfosi del Dio dell'Occidente. All'interno della nostra civiltà sperimentiamo la terza sostituzione di un Dio con un altro Dio, di una religione con un'altra religione.

La prima metamorfosi avvenne con il passaggio dal Dio plurale della classicità greco-romana al Dio uno e trino del cristianesimo, ovvero passando dall'assolutezza collocata nei concetti strettamente uniti di Natura e di Cultura all'assolutezza collocata nel concetto di Sovrannatura: dalla fisica e dall'estetica del mondo classico alla metafisica e all'ascetica del medioevo cristiano. Un documento emozionante di questo passaggio è la pagina in cui Plutarco narra l'annuncio straziante della morte di Pan, la più pagana delle divinità greche, il cui testo riporto in coda a questo paragrafo.

La seconda metamorfosi avvenne con il passaggio dal Dio cristiano al Dio della modernità, dalla Sovrannatura allo Stato, dalla metafisica alla politica. Fu la politica infatti a diventare la scienza regina prendendo il posto che era stato prima della filosofia e poi della teologia (in questa prospettiva si devono ricordare opere quali *Utopia* di Tommaso Moro, 1516; *La città del Sole* di Tommaso Campanella, 1602; *Leviatano* di Thomas Hobbes, 1651; il *Trattato teologico-politico* di Baruch Spinoza, 1670; opere al cui interno la forte dimensione teologico-spirituale è interamente in funzione dell'ideale politico).

La terza metamorfosi avviene oggi con il passaggio dal Dio della modernità al Dio della postmodernità, dal primato della dimensione sociale e comunitaria al trionfo del più radicale monoteismo dell'Io, per il quale la scienza regina è costituita dall'economia, rispetto a cui tutte le altre scienze sono servitrici, *ancillae oeconomiae*.

Lungo il cammino della nostra civiltà si possono quindi conteggiare quattro somme divinità, definibili, nel loro *nucleo ontologico*, come segue: 1) Natura-Cultura; 2) Sovrannatura; 3) Stato; 4) Io. Da tali somme divinità procedono le quattro somme discipline che le rappresentano al meglio e che strutturano al loro servizio tutto il resto del sapere, ovvero: 1) filosofia – con la teologia come sua branca in quanto «filosofia prima»; 2) teologia – con la filosofia come suo strumento in quanto *ancilla theologiae*; 3) politica; 4) economia.

Il passaggio da un'epoca all'altra è sempre segnato dal cambiamento di divinità e il nostro tempo è stato definito *postmodernità* esattamente perché ha mutato il suo Dio, passando dal Dio moderno rappresentato dallo Stato e celebrato dalla politica, al Dio dei nostri giorni rappresentato dall'Io e celebrato dall'economia. Lo scettro intellettuale che durante le prime due epoche fu della filosofia e della teologia, e che poi nella modernità passò alla politica, oggi è nelle mani dell'economia.

La peculiarità del Dio dell'economia, però, è di essere un Dio privato, anzi privatissimo. Dopo il Dio immanente e socialmente condiviso dell'antichità classica che presentava il binomio Natura-Cultura quale valore assoluto; dopo il Dio trascendente e socialmente condiviso del medioevo che presentava la Sovrannatura o trascendenza come valore assoluto e che si esplicitava a livello sociale nella compattezza integralista della *societas christiana*; dopo il Dio della modernità che veicolava il valore assoluto della compagine statale e che come tale era immanente e condiviso socialmente in sommo grado; oggi è subentrato nella psiche degli umani postmoderni il Dio immanente e privatissimo dell'Io. La sua dogmatica si chiama finanza, la sua liturgia shopping. Per questo domina, o meglio imperversa, il narcisismo, inteso come riconduzione di tutto il proprio amore a se stessi. Il Dio dei nostri giorni si chiama Io. Noi viviamo nel tempo del Dio Io.

Plutarco, la morte di Pan

La prima sostituzione di un Dio con un altro Dio, e conseguentemente di una religione con un'altra religione, avvenne nel passaggio dall'epoca antica all'epoca medievale. Il dialogo di Plutarco intitolato *Il tramonto degli oracoli* (tradizionalmente noto con il titolo latino *De defectu oraculorum*) sembra fotografarne il momento. In quest'opera un personaggio di nome Epiterse riferisce il racconto di un suo concittadino che fu testimone di un'esperienza quanto mai singolare mentre navigava dalla Grecia verso l'Italia: «A sera, già presso le isole Echinadi, il vento cadde repente, e la nave fu portata dai flutti nelle vicinanze di Paxo. I più erano desti; e molti continuavano a bere, dopo aver pranzato. D'improvviso, dall'isola di Paxo fu udita una voce, o meglio un grido, che chiamava Tamo. Erano tutti stupiti. Tamo era il nostro pilota egizio e molti, a bordo, non ne sapevano neppure il nome. Per ben due volte chiamato, egli tacque;

poi, alla terza volta, rispose a colui che lo chiamava. E questi con tono ancora più alto disse: "Allorché giungi nei pressi di Palode, annuncia che Pan, il grande, è morto"».[16]

Tra lo spavento generale il pilota egizio decise così: se una volta giunti nel luogo indicato il vento fosse risultato sufficiente per continuare la navigazione, egli non avrebbe detto nulla; ma se al contrario non fosse stato più possibile navigare a vela, egli avrebbe compiuto l'annuncio richiesto. Ed ecco quanto avvenne: «Appena si giunse presso Palode, regnò una gran pace e di venti e di flutti; allora Tamo, da poppa, con lo sguardo volto alla riva, esclamò come aveva udito: "Pan, il grande, è morto!". Egli non aveva neppure chiuso bocca, che un immenso gemito, non di uno ma di tanti, s'innalzò, misto a grida di stupore».[17]

Chi era Pan il grande, in greco *Pàn ho mégas*? Era «la divinità stessa della Natura»,[18] ovvero il Dio che personificava l'essenza più arcaica della religione classica, quindi la sintesi spirituale del mondo antico.

Il fascismo e il nazismo, e prima ancora la filosofia di Nietzsche, intesero rappresentare a modo loro la riproposizione della divinità della Natura e della fedeltà alla terra, quindi vollero in un certo senso rappresentare la risurrezione di Pan, o, per meglio dire, la stessa negazione della sua morte, come ne scrisse Gabriele D'Annunzio: «Mentì la voce che gridò: Pan è morto!»; e ancora: «Il gran Pan non è morto».[19] Il dio Pan invece effettivamente morì segnando così la fine dell'epoca antica e il passaggio della sede dell'assoluto (cioè del centro di gravità del cuore e della mente degli umani) dalla Natura alla Sovrannatura, dando inizio alla nuova epoca denominata medioevo.

[16] Plutarco, *De defectu oraculorum*, 17, B-C, in Id., *Iside e Osiride e Dialoghi delfici* [*La E delfica*, *I responsi della Pizia*, *Il tramonto degli oracoli*], a cura di Vincenzo Cilento, Bompiani, Milano 2002, p. 315..

[17] *Ivi*, 17, C-D, ed. it. cit., p. 317.

[18] Vincenzo Cilento, Introduzione, in Plutarco, *Iside e Osiride e Dialoghi delfici*, cit., p. XX.

[19] Gabriele D'Annunzio, *Laudi del cielo, del mare, della terra e degli eroi* [1903], in *Poesie scelte*, Euroclub, Bergamo 1981, pp. 58 e 60.

14. *Ego = Nihil*

Di fronte ai casi seri della vita, però, il Dio immanente e privatissimo dell'Io mostra tutta la sua vanità e si rivela per quello che ontologicamente è: nichilismo. Chi crede solo in se stesso, infatti, in realtà non crede a nulla. Credere solo in se stessi vuol dire in concreto credere nel proprio desiderio e nelle proprie forze: credere cioè che le proprie forze saranno in grado di realizzare il proprio desiderio. Il che certamente non è sbagliato, ma è del tutto insufficiente a contrastare il nichilismo e a non caderne preda. L'autostima infatti, se diventa una fede dogmatica, si chiama narcisismo ed è una patologia. Credendo solo in se stessi, si crede in realtà soltanto nel proprio desiderio e nella propria forza, e si finisce necessariamente nel nulla, perché la morte, e a volte prima ancora la stessa vita, azzerano ogni cosa.

Occorre inoltre aggiungere che da tale privatissimo e piccolissimo Dio si genera pressoché necessariamente un permanente conflitto sociale, perché un insieme di individui che credono solo in se stessi produce automaticamente quella condizione detta «guerra di tutti contro tutti», *bellum omnium contra omnes*. E da qui, quale inevitabile passo successivo, si genera la tirannide; il Leviatano, per riprendere la terminologia di Thomas Hobbes. È la fine della *Res publica* e l'inizio dell'*Imperium*. A questo condurrà quasi certamente il Dio privatissimo e piccolissimo dell'Io.

In altri termini: è giusto credere in se stessi, è sbagliato credere *solo* in se stessi. Coloro che credono solo in se stessi in realtà non credono, sono atei nel senso esistenziale di ateismo: sono cioè nichilisti per i quali nulla ha valore in sé, perché tutto è funzionale a se stessi. Chi si trova a vivere in questa condizione non ha un Dio, nel senso che non ha nulla (né una realtà, né una persona, né un ideale) che ritiene più importante di sé e rispetto a cui nella sua vita quotidiana si pone al servizio. Nulla, per lui o per lei, ha valore in sé; qualcosa ha valore solo in quanto è a lui o a lei funzionale. Tale condizione emerge anche a livello estetico, dove molti ripetono il tanto popolare quanto fatuo principio secondo cui «non è bello ciò che è bello, è bello ciò che piace», con il piccolo Io che esibisce in ogni occasione i suoi gusti personali, ritenuti tanto più originali quanto più dissacratori della tradizione.

Chi crede solo in sé rende culto solo a sé, adora solo sé, e vive sulla base di un egoismo assoluto. Non conosce altra liturgia che non sia sistematica egolatria. È l'icona più rappresentativa del nichilismo e oggi purtroppo non sono pochi i fedeli di questa desolante religione mercantile, forse sono già la maggioranza.

15. L'unica via di uscita

Per allentare i morsi della trappola e iniziare a intravedere l'itinerario di liberazione, e magari percorrerlo con qualche piccolo passo, ci aspetta oggi un compito diverso, per molti versi opposto rispetto a quello intrapreso dalla modernità: la modernità aveva dovuto superare Dio per affermare l'Io, oggi il nostro compito consiste nel superare l'Io per tornare ad affermare Dio. O, per meglio dire: il Divino, l'Indisponibile, l'Assoluto, il Gratuito, l'Inconoscibile, l'Apofatico, il Sacro, il Solenne, il Mistero, il Silenzio. È l'unico modo per uscire, almeno con la mente e con il cuore, dalla trappola.

Già nel 1966 Martin Heidegger, nella celebre intervista al settimanale tedesco «Der Spiegel» pubblicata come da accordi all'indomani della sua morte avvenuta dieci anni dopo, aveva dichiarato: «Ormai solo un Dio ci può salvare».[20] Da che cosa il filosofo ricercava la salvezza? Dalla tecnica. Per lui infatti la tecnica nella sua essenza «è qualcosa che l'uomo di per sé non è in grado di dominare»,[21] ma da cui piuttosto è dominato: «La tecnica strappa e sradica l'uomo sempre più dalla Terra [...] Tutto ciò che resta sono problemi di pura tecnica». Con questa conseguenza: «Non è più la Terra quella su cui oggi l'uomo vive».[22] Parole che oggi, con le menti sempre più intrappolate nelle infinite connessioni della rete e sempre più distanti dal mondo

[20] Martin Heidegger, *Ormai solo un Dio ci può salvare. Intervista con lo «Spiegel»* [1966, pubblicazione 1976], ed. it. a cura di Alfredo Marini, Guanda, Parma 2011^2, p. 149.

[21] *Ivi*, p. 144.

[22] *Ivi*, p. 146.

reale, e con la Terra sempre più antropizzata e devastata, non si presentano più come un giudizio filosofico ma come la lampante constatazione di un dato di fatto.

I redattori del settimanale tedesco chiesero poi che cosa potessero fare il singolo individuo e la filosofia per contrastare questa situazione intrappolante, ricevendo la seguente risposta: «Se posso rispondere brevemente e forse un po' grossolanamente, ma comunque in base a una lunga meditazione del problema: la filosofia non potrà produrre nessuna immediata modificazione dello stato attuale del mondo. E questo non vale soltanto per la filosofia, ma anche per tutto ciò che è mera intrapresa umana. Ormai solo un Dio ci può salvare». Cosa possiamo fare dunque? Ecco la risposta di Heidegger: «Ci resta, come unica possibilità, quella di preparare nel pensare e nel poetare una disponibilità all'apparizione del Dio o all'assenza del Dio nel tramonto».[23]

L'unica possibilità di uscire dalla trappola, dice Heidegger, è renderci disponibili tramite il pensiero e la poesia all'apparizione nella nostra esistenza di ciò che poco più avanti egli denomina «l'altro pensiero»,[24] e a cui tradizionalmente ci si riferisce dicendo Dio, o anche divino. Tale apparizione può anche non avvenire, ma non è decisivo: se attesa, libera l'Io dal suo delirio di onnipotenza e ne dilata e ne ripulisce lo sguardo.

Lo scopo di questo piccolo saggio è capire cosa significa e come fare. E il primo passo al riguardo consiste nel comprendere le reali dimensioni delle nostre trappole, sia sociali sia individuali.

[23] *Ivi*, p. 149.
[24] *Ivi*, p. 153.

16. Socialmente in trappola

Sul fatto che siamo socialmente in trappola penso che pochi abbiano dubbi: lo sentiamo distintamente, è un rumore sordo, persistente, una specie di basso continuo che ritma funereo le nostre giornate e che deriva da minacce sempre più incombenti: la possibilità per nulla remota della guerra nucleare, sia per il conflitto Russia-Ucraina sia per il potenziale conflitto ancora più esplosivo Cina-Taiwan; l'emergenza climatica di cui ormai tutti (o quasi) siamo tristemente consapevoli e che ha portato il segretario generale dell'ONU António Guterres a parlare non più di «riscaldamento globale» (*global warming*) ma di «ebollizione globale» (*global boiling*); lo scollamento tra generazioni mai così profondo nella storia dell'umanità; le abissali e sempre più abnormi sperequazioni tra i pochi super-ricchi e le masse di diseredati; l'uso dell'intelligenza artificiale assai facilmente trasformabile in abuso e in occulto controllo direttivo; l'ingegneria genetica che corre esattamente lo stesso rischio; la minaccia di nuove devastanti pandemie; il ricorrente terrorismo di matrice religiosa; le migrazioni così massicce di popoli da generare una *deriva dei continenti* di tipo sociale e un conseguente sanguinoso e quotidiano *scontro delle civiltà* all'interno delle nostre città, di cui talora si hanno già violente anticipazioni (come avvenuto in Francia tra la fine di giugno e l'inizio di luglio 2023 in seguito all'uccisione di un diciassettenne di origini nordafricane da parte di un poliziotto e la degenerazione delle proteste in guerriglia urbana nelle principali città del paese). Tutte insieme queste ombre che gravano su di noi formano nella mente un'atmosfera di tale oscura irrespirabile pesantezza da portarci a voler scappare da questo mondo, ma, di fronte a minacce così globali, non è possibile andare da nessuna parte. Siamo in trappola.

Perciò si impone la domanda: che cosa *precisamente* intrappola il nostro mondo? Occorre individuare le trappole specifiche che lo affliggono per comprendere se esiste almeno un po' la possibilità di uscirne, o per lo meno di allentarne la presa. A mio avviso sono cinque le situazioni del mondo contemporaneo che si possono definire non semplicemente gravi problemi, ma vere e proprie trappole secondo la struttura evidenziata in precedenza mediante il verso di Ovidio. Esse afferiscono a questi cinque ambiti fondamentali dell'esistenza contemporanea: politica, economia, società, tecnologia, sicurezza. La trappola che le concerne si delinea concretamente come scontro irrisolvibile di due istanze contrarie ma entrambe legittime, descrivibile come segue: nel primo caso, democrazia formale *contro* democrazia sostanziale; nel secondo, economia *contro* ecologia; nel terzo, accoglienza umanitaria *contro* identità culturale; nel quarto, progresso tecnologico *contro* tutela della coscienza umana; nel quinto, sicurezza *contro* pace.

17. Democrazia formale contro democrazia sostanziale

La gestione del mondo si chiama *politica*, e la nostra politica è basata sulla *democrazia*. Di conseguenza, è dalla democrazia che dipende la gestione del nostro mondo. La democrazia però oggi è caduta in una trappola che la sta progressivamente portando a trasformarsi in altro da sé, impedendo una gestione avveduta e lungimirante del mondo, ovvero lo scopo della politica. La democrazia attuale cioè si allontana dall'essere un metodo mediante cui raggiungere lo scopo della buona politica (che è il governo del mondo secondo la logica del bene comune) e diventa sempre più un meccanismo fine a se stesso, un ritualismo che ha sempre meno a che fare con la vita reale e i suoi problemi, e che alimenta logiche di potere e interessi privatissimi.

Al concetto di democrazia sono intrinseche due dimensioni strutturali e irrinunciabili: un procedimento formale e una serie di contenuti sostanziali. Il procedimento formale è basato su libere elezioni a suffragio universale decise dalla logica di maggioranza. I contenuti sostanziali sono valori universali quali libertà, uguaglianza, sicurezza, pace, giustizia sociale, diritto allo studio, diritto alla salute, tutela dell'ambiente, crescita complessiva del livello di cultura della società (attestato dall'indice di lettura e di comprensione del testo), pluralismo dell'informazione, attuazione del volere della maggioranza e al contempo rispetto e difesa delle minoranze.

Il procedimento formale è lo strumento; i contenuti sostanziali sono il fine. Forma e sostanza sono sempre strettamente intrecciate, ma è il procedimento formale, se si vuole evitare il formalismo, a dover servire la sostanza, non viceversa. Sto dicendo che il senso della democrazia non si compie nel tenere libere elezioni a suffragio universale per eleggere rappresentanti che si riuniscono in un posto denominato parlamento al fine di legiferare sui problemi più urgenti del paese. Questo è necessario, ma non sufficiente. Senza contare poi che una buona parte del popolo non va a votare e che, tra chi va, chissà quanti sono quelli ben informati e quanti invece i sedotti da promesse elettorali irrealizzabili e da slogan semplificatori. Per guidare l'automobile occorre la patente, perché non dovrebbe essere lo stesso per eleggere quelli che devono guidare un paese?

In ogni caso, ben lungi dall'esaurirsi nelle elezioni, il senso della democrazia si compie quando si affrontano i problemi concreti dei cittadini e si promuove il bene comune realizzando i contenuti sostanziali richiamati poco fa. La forma è al servizio della sostanza. Se la forma cessa di essere al servizio della sostanza scade in formalismo: in una serie di astratte e costose cerimonie che servono solo ai privilegiati protagonisti della politica e a quelli che a vario titolo partecipano al loro allestimento e mantenimento.

Oggi la democrazia formale sta minacciando sempre più la democrazia sostanziale: è questa la trappola in cui siamo caduti. La democrazia, cioè, sta distruggendo se stessa. Non è un problema solo italiano. Ha scritto David Runciman, docente di Scienze politiche a Cambridge: «Il problema, per la democrazia del XXI secolo, è che le sue qualità positive stanno andando in frantumi». Prosegue: «Durante il XX secolo, l'esperienza collettiva della lotta politica – sia per risolvere i problemi condivisi sia per aumentare il riconoscimento democratico – ha mantenuto intatta la democrazia. Nel XXI, l'esperienza diffusa della rabbia politica la sta demolendo».[1] Ha scritto Jan Zielonka, docente di Politica e relazioni internazionali a Oxford: «Persino i nostri politici preferiti, per non parlare di quelli di cui non ci fidiamo o le cui idee troviamo odiose, ci appaiono sempre più simili a criceti, apparentemente felici di correre dentro una ruota che non li porterà mai da nessuna parte».[2] Lo scrittore israeliano Amos Oz ha parlato di un crescente processo di «infantilizzazione delle masse»,[3] una diffusa malattia della mente che cancella il confine tra politica e spettacolo per cui la gente non vota più chi può governare meglio, ma chi emoziona e diverte, perché questo oggi desiderano i più: essere emozionati e divertiti, come bambini viziati nel paese dei balocchi. È come se un malato dovesse scegliersi il medico e, non sapendo nulla di medicina, scegliesse il medico che gli risulta più simpatico e rassicurante, decisamente peggiore del medico più severo: il risultato è facilmente immaginabile.

Se la trappola vale per gli elettori, vale allo stesso modo per i politici eletti. Ricordo che una volta un politico del nostro paese mi raccontò di aver incontrato qualche giorno prima il ministro degli Esteri cinese o una carica più o meno analoga di quel paese, e di essersi sentito dire che il nostro sistema democratico basato su continue elezioni (comunali, regionali, nazionali, europee) impedisce di fatto una gestione efficace e lungimirante del potere e una seria programmazione, perché i politici, sempre alla caccia di voti, sono inevitabilmente portati a proporre provvedimenti populistici di breve respiro e a evitare di affrontare con la dovuta serietà i nodi strutturali del sistema. Dobbiamo per questo abo-

[1] David Runciman, *Così finisce la democrazia. Paradossi, presente e futuro di un'istituzione imperfetta* [2018], tr. di Francesca Pe', Bollati Boringhieri, Torino 2019, p. 185.

[2] Jan Zielonka, *Democrazia miope. Il tempo, lo spazio e la crisi della politica* [2023], tr. di Stefania Bernini, Laterza, Bari-Roma 2023, p. VII.

[3] Amos Oz, *Cari fanatici* [2017], tr. di Elena Loewenthal, Feltrinelli, Milano 2017, p. 24.

lire le elezioni democratiche e adottare il sistema assolutistico del Partito comunista cinese? Neanche per idea. Ed è esattamente per questo che siamo in trappola. Una trappola descrivibile come democrazia formale *contro* democrazia sostanziale.

La democrazia è il metodo migliore escogitato lungo la storia per garantire la convivenza civile, un metodo per noi giustamente quasi sacro, almeno per questi tre motivi: 1) per la nobiltà filosofica che suppone, in quanto esprime fiducia nell'essere umano e nella sua capacità di giudicare e di scegliere; 2) per la libertà che garantisce a tutti i livelli della vita pubblica; 3) per l'efficacia in termini di benessere economico e sociale, visto che i paesi democratici sono senza dubbio nel mondo quelli in cui si vive meglio.

La democrazia però da qualche tempo è progressivamente degenerata in populismo e continuando di questo passo si avvia a trasformarsi in *oclòcrazia*. Per dire «popolo» il greco antico ha quattro termini: *laós*, *éthnos*, *dêmos*, *óchlos*. Il primo, *laós*, indica il popolo in senso generico, da qui vengono il sostantivo «laicità» e l'aggettivo «laico». Il secondo, *éthnos*, indica un popolo in quanto nazione e concepito come nella sua differenza rispetto ad altri popoli, e da qui vengono il sostantivo «etnia» e l'aggettivo «etnico». Il terzo, *dêmos*, designa anzitutto il territorio e poi la gente che vi risiede, quindi la popolazione ordinata in assemblea e dotata di coscienza politica. Il quarto termine, *óchlos*, è la massa, il volgo, non la plebe (termine che non ha nulla di negativo e che anzi, quando è *dêmos*, rappresenta la forza più preziosa di uno Stato) ma la plebaglia, la folla rozza e spesso violenta a cui interessa solo ciò che i romani chiamavano *panem et circenses*: «pane» per tenere a bada la pancia e «giochi del circo» e spettacoli vari per tenere a bada la psiche. Ciò di cui l'*óchlos* si nutre si chiama populismo e il suo esito è quasi sempre la tirannide, come insegna la *dottrina dei cicli costituzionali*, detta anche *anaciclosi*, formulata da Platone, schematizzata da Polibio, ripresa da Cicerone e poi da Machiavelli nel rinascimento.[4]

La democrazia, non solo in Italia, si avvia a essere oclocrazia,

[4] Cfr. Platone, *Repubblica*, VIII,544 A – 569 C; Polibio, *Storie*, VI,4; Cicerone, *La repubblica*, I,42-47; Niccolò Machiavelli, *Istorie fiorentine*, V,1.

forse in buona parte lo è già. Da qui scatta la trappola con la sua logica implacabile: noi non possiamo fare a meno della democrazia, ma non possiamo neppure continuare con *questa* democrazia che forse presto non sarà più tale, che forse già adesso non lo è più, perché il *dêmos* sta scomparendo e al suo posto arriva l'*óchlos*, una massa di gente sempre più lontana dalla cultura e sempre più fiera della propria ignoranza. Questa democrazia tanto amata, per la quale molti hanno lottato e non pochi hanno dato la vita (rileggo spesso, commuovendomi ogni volta, le lettere dei condannati a morte della Resistenza italiana), questa democrazia produce quotidianamente uno sfascio da cui emerge in triste assonanza la nera ombra del fascio.

Non sono pochi i segnali che mostrano il desiderio di fascismo che attraversa i nostri giorni: lo spregio della cultura e degli intellettuali; lo spregio ancora più rabbioso della bontà e dei miti; la volontà di potenza praticata come volontà di prepotenza; l'estetica della trasgressione; l'irrisione delle istituzioni; l'ideale volgare del maschio alfa (che avvince anche non poche donne); il desiderio del pericolo e di tutto ciò che è estremo e smodato; la violenza gratuita contro deboli e animali; la volgarità e la cattiveria del linguaggio. Riaffiora quella accozzaglia di assurdità e di malessere che fu il *Manifesto del futurismo*, scritto a Milano nel 1909 e nel quale si leggono affermazioni come le seguenti: «1. Noi vogliamo cantare l'amor del pericolo, l'abitudine all'energia e alla temerità. [...] 3. Noi vogliamo esaltare il movimento aggressivo, l'insonnia febbrile, il passo di corsa, il salto mortale, lo schiaffo ed il pugno. [...] 7. Non v'è più bellezza, se non nella lotta. Nessuna opera che non abbia un carattere aggressivo può essere un capolavoro. [...] 9. Noi vogliamo glorificare la guerra – sola igiene del mondo – il militarismo, il patriottismo, il gesto distruttore dei libertari, le belle idee per cui si muore e il disprezzo della donna. 10. Noi vogliamo distruggere i musei, le biblioteche, le accademie d'ogni specie e combattere contro il moralismo, il femminismo e contro ogni viltà opportunistica o utilitaria».[5]

[5] Filippo T. Marinetti, *Manifesto del futurismo* [1909], in *Manifesti del futurismo*, a cura di Viviana Birolli, Abscondita, Milano 2008, pp. 13-14. Esattamente dieci anni dopo, Mussolini, sempre a Milano, fondava i Fasci di combattimento, esplicitazione politica di questa estetica e di questa filosofia di vita.

Un numero crescente di persone, tra cui non pochi intellettuali organici al nuovo potere, si sente fremere al suono di queste dichiarazioni e immagino si esalti a metterle in pratica in prima persona. Ovunque imperversa uno stile che è l'opposto della mitezza, tanto elogiata da Norberto Bobbio in uno dei suoi saggi più belli,[6] visto che persino tra i filosofi è diffusa la pratica sistematica della collera, di quel parlare rabbioso di chi sa che, alzando la voce nei dibattiti, soprattutto se televisivi, e interrompendo e persino insultando l'avversario, egli avrà emotivamente ragione perché si dimostrerà più forte, e la gente, soprattutto oggi quando è sempre meno *dêmos* e sempre più *óchlos*, adora i più forti (non i più giusti).

Anche da questo si comprende che oggi il fascismo ritorna. Noi non possiamo vivere senza democrazia, ma *questa* democrazia, ridotta al populismo, produce oclocrazia, e da qui probabilmente, in un futuro non lontano, una nuova tirannide. Cosa fare allora? Superare la democrazia? Per andare dove?

Non è per nulla vero che «uno vale uno», come ad alcuni piace proclamare; è vero piuttosto l'esatto contrario, come affermava lucidamente Eraclito molti secoli fa: «Uno solo vale per me diecimila, se è il migliore».[7] Concetto ribadito qualche secolo dopo dalla sapienza biblica di Gesù ben Sira: «È preferibile uno a mille».[8] Non siamo tutti uguali, ma la grandezza della democrazia consiste nel fatto che essa ci rende *tutti uguali* davanti alla legge, la quale è, o dovrebbe essere, appunto *uguale per tutti*. È questa la virtù della democrazia quando funziona a dovere, questa capacità di armonizzare equità e merito, come per primo dichiarò Pericle nel suo discorso in onore dei caduti del primo anno della guerra contro Sparta e a elogio della costituzione democratica di Atene: «Vige per tutti, da una parte,

[6] Cfr. Norberto Bobbio, *Elogio della mitezza* [1994], in Id., *Elogio della mitezza e altri scritti morali*, NET, Milano 2006, pp. 29-47.

[7] Il frammento di Eraclito in Diels-Kranz 22 B 49, ed. it. in *I Presocratici. Prima traduzione integrale con testi originali a fronte delle testimonianze e dei frammenti nella raccolta di Hermann Diels e Walther Kranz*, a cura di Giovanni Reale, Bompiani, Milano 2017², p. 353. Nel frammento Diels-Kranz 22 B 104, a p. 365, si legge: «I molti sono cattivi, e pochi i buoni».

[8] *Siracide* 16,3.

di fronte alle leggi, l'assoluta equità di diritti nelle vicende dell'esistenza privata; ma dall'altra si costituisce una scala di valori fondata sulla stima che ciascuno sa suscitarsi intorno, per cui, eccellendo in un determinato campo, può conseguire un incarico pubblico, in virtù delle sue capacità reali, più che nell'appartenenza a questa o a quella fazione politica».[9]

Il problema però è che l'essere migliore di uno solo non si può istituzionalizzare, stabilendo che anche i suoi figli sono a loro volta migliori e dando origine all'aristocrazia, com'è avvenuto nella storia alle nostre spalle fortunatamente superata. L'aristocrazia esiste, ma non deriva certo dal nascere in un palazzo nobiliare da una famiglia dall'altisonante cognome; l'aristocrazia esiste, ma non dipende dal blasone o dal denaro, né da nulla che si possa tramandare e istituzionalizzare. L'aristocrazia esiste, ma è un talento assolutamente singolare. E quindi non rimane che la democrazia, la quale però oggi si trova nelle condizioni descritte e né rende effettivamente tutti uguali davanti alla legge, né è in grado di onorare il merito a prescindere da logiche partitocratiche. Siamo in trappola.

Per concludere, una precisazione importante. Una democrazia imperfetta e decadente come la nostra rimane sempre di gran lunga preferibile a una tirannide, fosse pure la più illuminata. Perché? Per il semplice motivo che la tirannide più illuminata, alla fine, inevitabilmente, si trasforma in tirannide e basta. Spegne la luce, getta la maschera, e inizia a divorare i suoi figli. Lo capì perfettamente all'inizio della nostra civiltà uno dei Sette sapienti greci, Periandro di Corinto: «La democrazia è migliore della tirannide».[10] E lo ribadì nel 1947 Winston Churchill con queste sue famose parole: «La democrazia è il peggior sistema di governo a parte tutti gli altri sistemi che sono stati sperimentati nel tempo».[11]

[9] Tucidide, *La guerra del Peloponneso*, II,37, ed. it. a cura di Ezio Savino, Garzanti, Milano 1992[8], pp. 114-115.

[10] Il detto di Periandro di Corinto in Diels-Kranz 10,3,VII,6, ed. it. in *I Presocratici*, cit., p. 141.

[11] Winston Churchill, Discorso alla Camera dei Comuni dell'11 novembre 1947, che qui riprendo da Runciman, *Così finisce la democrazia*, cit., p. 147.

Ogni posizione totalitaria, di destra o di sinistra, o anche di centro se si considera quella ecclesiastica che forse fu la prima con i suoi roghi di libri e di persone, è la negazione dello scopo primario dell'esistenza umana in quanto esperienza della libertà e della relativa responsabilità che ne discende.

18. Economia contro ecologia

Sulle altre quattro trappole in cui è caduto il mondo contemporaneo mi soffermo brevemente, tanto sono evidenti e dibattute. La seconda di esse è costituita dall'antinomia economia-ecologia. È noto che il soggetto che produce l'innalzamento progressivo e deleterio dell'anidride carbonica, da cui derivano l'innalzamento della temperatura e il cambiamento climatico e la relativa crisi ecologica, è l'apparato industriale e la società dei consumi e dei trasporti che ne discende. Ma è forse possibile rinunciare all'industria, ai consumi, ai trasporti (compresi i nostri spostamenti), e al benessere materiale e psichico che ne discende? Come conciliare il rispetto dell'ambiente con il mantenimento dei posti di lavoro e le libertà individuali di godersi la vita?

Ricordo quand'ero bambino le nauseanti condizioni del fiume Lambro che scorre nel paese in cui sono nato e cresciuto, e cosa significava passargli accanto in termini olfattivi. Allora eravamo noi occidentali a inquinare in modo spaventoso e nessuno protestava, non vi erano comitati di scienziati e dirigenti dell'ONU giustamente preoccupati che lanciavano allarmi. Come impedire ora che le economie emergenti facciano a loro volta quello che abbiamo fatto noi per emergere e stare meglio?

Il problema, però, è che queste economie emergenti appartengono a paesi che hanno una popolazione spaventosamente alta, non di milioni, ma di miliardi di persone, e che utilizzano per lo più tecnologie ad alto impatto inquinante. Sono queste tecnologie la causa principale del cambiamento climatico con le loro emissioni di gas serra prodotte dai combustibili fossili, per cui è necessario procedere quanto prima all'introduzione sistematica di energie rinnovabili ed eliminare con urgenza il carbone, il petrolio, il gas. Ma quali sono i paesi e le economie che si possono permettere questa globale riconversione? Già si stenta in Occidente, figuriamoci nel resto del mondo. E quando l'Unione europea preme con le economie emergenti sul fronte ambientale viene accusata, non so se giustamente o no, di «neocolonialismo verde».

Ecco dunque la trappola: non possiamo continuare a produrre inquinamento e surriscaldamento, ma non possiamo neppure fermare la produzione industriale e i trasporti e i consumi e tutto il resto che ne sono la causa. *Nec sine te, nec tecum, vivere possum.*

La guarigione? Io credo che essa possa arrivare solo da un concerto di forze, di tutte le forze sane della politica, della scienza, della cultura, delle religioni. Credo però che il ruolo principale spetti all'economia, perché proprio da dove ha origine la malattia può scaturire la guarigione, come insegna l'etimologia del termine greco *phármakon* che significa al contempo sia «veleno» sia «medicinale». Alle aziende sane e partecipi del bene comune spetta un grande compito; correndo il rischio della retorica, direi una *missione*.

19. Identità contro accoglienza

La terza trappola del nostro mondo è costituita dalla questione dell'identità. L'identità tocca una sfera molto delicata, visto che fu proprio essa il nucleo ideologico della Germania nazista: *Blut und Boden*, insegnavano, «sangue e suolo», e ogni discorso sull'identità deve sempre avere ben presente tale ammonimento della storia. D'altro lato è altrettanto vero che il sangue e il suolo conferiscono identità, perché altrimenti un testimone non certo sospettabile di nazismo quale Primo Levi non avrebbe potuto scrivere così, rispondendo a un lettore tedesco che gli contestava la possibilità di parlare di «tedeschi» o di «italiani» in quanto entità unitaria: «Sono d'accordo con Lei: è pericoloso, è illecito, parlare dei "tedeschi", o di qualsiasi altro popolo, come di un'entità unitaria, non differenziata, e accomunare tutti i singoli in un giudizio. Eppure non mi sento di negare che uno spirito di ogni popolo esiste (altrimenti, non sarebbe un popolo); una Deutschtum, una italianità, una hispanidad: sono somme di tradizioni, abitudini, storia, lingua, cultura. Chi non sente in sé questo spirito, che è nazionale nel miglior senso della parola, non solo non appartiene per intero al suo popolo, ma neppure è inserito nella civiltà umana».[12]

Oggi si discute sulla sorgente che conferisce a un essere umano l'identità italiana detta *nazionalità*: c'è chi sostiene che sia il nascere da genitori italiani, quindi il sangue (*ius sanguinis*); chi, il nascere in Italia, quindi il suolo (*ius soli*); e chi, la formazione ricevuta in Italia, quindi la cultura (*ius scholae*). Ma oltre alla nazionalità vi sono altre sorgenti dell'identità di un essere umano: vi sono la professione, la politica, la religione, l'orientamento sessuale; e poi la musica che si ascolta, il tipo di alimentazione, la passione sportiva... Quanto però appare a prima vista decisivo parlando di identità è il fatto di essere nati in un determinato territorio.

Ed eccoci al fenomeno migrazioni. I migranti ci sono sempre stati nella storia dell'umanità, ne hanno costituito la ricchezza rendendola cambiamento ed evoluzione, e non staticità e ripetizione dell'identico (termine che significativamente, come anche idiota e idiozia, ha la medesima radice di identità). Così scriveva Seneca: «L'impero romano ha come fondatore un esule, un profugo che aveva perso la patria e si traeva dietro un pugno di superstiti alla ricerca di una terra lontana [...] farai fatica a trovare una terra abitata ancora dagli indigeni: tutto è il risultato di mistioni e innesti».[13] Quanto alla Bibbia, il suo avvertimento non potrebbe essere più perentorio: «Tu pronuncerai queste parole davanti al Signore, tuo Dio: "Mio padre era un Arameo errante; scese in Egitto, vi stette come un forestiero"».[14]

[12] Primo Levi, *I sommersi e i salvati* [1986], Einaudi, Torino 1991^2, p. 150.

[13] Seneca, *Consolazione alla madre Elvia*, VII,7 e 10, ed. it. in Id., *Tutti gli scritti in prosa. Dialoghi, trattati e lettere*, a cura di Giovanni Reale, Rusconi, Milano 1994, pp. 346-347. Devo la citazione a Maurizio Bettini, *Homo sum. Essere "umani" nel mondo antico*, Einaudi, Torino 2019, p. 118, di cui riprendo anche la traduzione.

[14] *Deuteronomio* 26,5.

Il punto, però, è che oggi siamo alle prese con un fenomeno di una vastità immensa, mai vista prima d'ora nella lunga storia dell'umanità. Già ora i migranti sono molti, probabilmente più numerosi della capacità psichica di accoglienza posseduta da un individuo medio, ma coloro che cercheranno di venire a vivere in Occidente saranno sempre di più. È logico: noi, al loro posto, faremmo altrettanto. Tutti cercano di vivere meglio, lo fanno per se stessi e ancora di più per i loro figli. Rifiutare sistematicamente l'ingresso a queste persone impedendo l'attracco delle loro navi nei nostri porti, o addirittura non soccorrendo le loro imbarcazioni in pericolo in alto mare, è una soluzione che, se preserva la nostra identità, uccide la nostra umanità. Ci fa rimanere italiani, ma ci fa cessare di essere umani. E a cosa ci serve essere italiani, se non siamo più umani ma disumani? Quindi non possiamo non accogliere, non ci è permesso dalla nostra identità di esseri umani. Se non accogliamo, tradiamo noi stessi, tradimento tanto più grave per noi italiani che nei due secoli passati eravamo in milioni a emigrare.

Accogliere però, quando si tratta di masse continue e crescenti di persone, significa assistere alla progressiva e inarrestabile trasformazione della nostra civiltà in un'altra cosa. Significa vedere pezzi di Italia che non sono più Italia ma dominio di altre etnie, spesso molto diverse e talora persino tendenzialmente ostili verso la nostra civiltà. Oriana Fallaci scriveva queste cose più di vent'anni fa, sottolineando il valore dell'identità. Aveva completamente torto? Non penso. Aveva completamente ragione? Non penso neppure. Penso anzi che giustamente Tiziano Terzani le rispondesse sottolineando il valore dell'accoglienza e della pluralità. Che fare quindi? Non possiamo *non* accogliere, ma al contempo non possiamo *sempre* accogliere. Per non accogliere sempre, però, bisogna essere pronti a respingere. Siamo pronti a respingere? Io spero di no, e l'unica certezza che mi rimane è che, di sicuro, siamo in trappola. *Nec sine te, nec tecum, vivere possum.*

20. *Tecnologia contro coscienza*

Siamo abituati a pensarci in progressiva evoluzione e usiamo raffigurare il nostro cammino partendo dalla scimmia priva di statura eretta e arrivando a noi, sapiens, che procediamo ritti, svettanti, dominatori. Se però continuiamo così, non è escluso che tra cento anni o forse prima l'ulteriore tappa del nostro cammino verrà raffigurata da un umano tornato privo di statura eretta perché sempre chino sul dispositivo che ha tra le mani e che gli indica tutto quello che deve e non deve fare, pensando e decidendo per lui. Da *Homo sapiens* a *Homo insapiens*. L'intelligenza sempre più efficiente delle macchine da noi prodotte incrementa l'inattività e la conseguente ottusità degli umani. Ecco la quarta trappola.

Molti si dichiarano preoccupati dell'intelligenza artificiale per l'impatto sui posti di lavoro che essa sottrarrà agli esseri umani, perché è sicuro che le macchine umanoidi prenderanno il nostro posto in molti mestieri e professioni, lo stanno già facendo. Io penso però che, ancora più radicalmente, la questione è se l'intelligenza artificiale ci ruberà il pensiero, l'arte del pensare, ovvero la nostra qualità principale. Riprendo a questo proposito una preziosa testimonianza di Hannah Arendt nella quale la filosofa, partendo dalla sua esperienza di essere cresciuta sotto il totalitarismo politico del Terzo Reich, giunge a delineare la condizione indispensabile per la nascita del pensiero: «Noi abbiamo fatto esperienza delle organizzazioni totalitarie di massa e possiamo testimoniare che il loro primo interesse è eliminare qualunque possibilità di solitudine. [...] Possiamo facilmente testimoniare come non solo le forme secolari di coscienza, ma anche quelle religiose vengano eliminate quando non è più garantito lo stare un po' soli con se stessi». E ancora: «In certe condizioni di organizzazione politica la coscienza non funziona più». E infine: «Un essere umano non può mantenere intatta la propria coscienza se non può mettere in atto il dialogo con se stesso, cioè se perde la possibilità della solitudine, che è necessaria per ogni forma di pensiero».[15]

[15] Hannah Arendt, *Socrate* [1954], ed. it. a cura di Ilaria Possenti, Raffaello Cortina, Milano 2015, pp. 46-47, con traduzione leggermente adattata al contesto.

La minaccia più insidiosa della tecnologia e dell'intelligenza artificiale è la soppressione della solitudine, intesa non come isolamento ma come *raccoglimento*. Già oggi quando abbiamo un problema, invece di riflettere sulla sua natura e su come risolverlo, chiediamo subito la soluzione alla macchina, e la macchina in effetti il più delle volte lo risolve: trova la strada, dà la risposta, sceglie per noi. Fino a quando si tratta di trovare una strada in città non c'è nulla di cui preoccuparsi: guadagniamo in tempo quello che perdiamo in senso di orientamento. Ma quando in gioco c'è altro, per esempio non l'orientamento stradale ma quello politico? O l'orientamento economico? O l'orientamento estetico? O l'orientamento, oggi sempre più disorientamento, spirituale? Quanti sono in questi casi i *navigatori* che conducono la nostra mente non nei porti che avremmo scelto noi, ma in quelli che convengono a loro?

Di sicuro c'è il fatto che le molteplici navigazioni di cui i piloti sono altri, e noi solo comodi e sempre più pigri passeggeri, tendono a deprimere la nostra natura più intima di naviganti e di esploratori giustamente autodefinitisi *sapiens*, di cui l'attività mentale che produce pensiero libero e consapevole è la più alta espressione. Riprendendo ancora Hannah Arendt e due suoi titoli tra i più importanti, occorre sempre tener presente che *la vita della mente* è per forza di cose e in sommo grado *vita activa*: e laddove si ha una diminuzione qualitativa dell'attività mentale non può che diminuire anche la qualità di chi la esercita.[16] Il risultato? La possibilità non tanto remota di passare, come detto, da *Homo sapiens* a *Homo insapiens*. Il trionfo dell'intelligenza artificiale umanoide può coincidere con l'avvento planetario della stupidità naturale degli esseri umani. È questa la minaccia che incombe su di noi a causa della tecnologia e del suo enorme potere seduttivo.

Ma allora che fare? Rinunciare alla tecnologia? Trasformarsi in odierni luddisti e prendere a martellate il computer, gettare dalla finestra il cellulare e boicottare i robot che presto riempi-

[16] Cfr. Hannah Arendt, *Vita activa. La condizione umana* [1958], tr. di Sergio Finzi, Bompiani, Milano 2008[14]; e *La vita della mente* [1978, postuma], ed. it. a cura di Alessandro Dal Lago, il Mulino, Bologna 2009[2].

ranno le nostre case? Scollegarsi da tutto? Rifiutarsi, andando in ospedale, di sottoporsi a una risonanza magnetica funzionale, o a una tac, o a un'altra delle prestazioni precise e affidabili rese possibili dalla tecnologia, compreso l'essere operati da un chirurgo umanoide che garantisce di non essere stanco e di non avere distrazioni mentali? Si tratta di domande retoriche la cui risposta è un ovvio no, e che prefigurano l'impossibilità di abbandonare, anche solo come singolo individuo, figuriamoci come società nel suo insieme, le acquisizioni della tecnologia e le progressive trasformazioni che ne derivano. Quindi, ancora una volta, si impone il verso di Ovidio: *Nec sine te, nec tecum, vivere possum*.

21. Sicurezza contro pace

C'è infine la questione delle armi, della loro produzione, della loro vendita. La Russia possiede quasi seimila testate nucleari (5970), gli Stati Uniti poco meno (5428). Com'è stato ripetuto infinite volte, queste armi da sole basterebbero a distruggere il pianeta in misura altrettanto infinita. Eppure si continuano a costruire armi, si investono capitali inimmaginabili nella ricerca tecnologica al loro riguardo, gli Stati riservano percentuali sempre più considerevoli del bilancio al loro acquisto e alla loro manutenzione. Una follia? Sì, un'autentica, intollerabile, follia.

Ma quale capo di governo, alla luce del fatto che tutti gli Stati importanti arricchiscono di tecnologia i propri armamenti, può permettersi di rendere più indifeso il proprio paese non acquistando le armi tecnologicamente più avanzate possedute dagli altri eserciti? Il primo dovere di uno Stato è garantire la sicurezza dei propri cittadini, tutto il resto viene dopo, com'è possibile quindi rinunciare al rafforzamento delle proprie difese? Infatti nessun capo di governo vi ha mai rinunciato, neppure quando si trattava di politici di autentica fede religiosa. Quelle armi però, mentre garantiscono la sicurezza al nostro paese, minacciano la pace complessiva del mondo! Ecco quindi delineato, ancora una volta, il meccanismo della trappola.

Da un lato c'è il dovere morale e politico di garantire la sicurezza, dall'altro il fatto che, garantendola, si minaccia la pace del mondo, visto che non ci possono essere dubbi sul fatto che le armi sono la principale minaccia alla pace. Mentre la garantiscono, la minacciano. Che fare? Ancora una volta vengono alla mente le parole di Ovidio: *Nec sine te, nec tecum, vivere possum.*

22. *Sul fondamento del nostro stare insieme*

La frammentazione delle consuetudini e delle regole; i mutamenti troppo rapidi; l'incapacità delle menti di orientarsi tra continue e martellanti informazioni; la perdita progressiva dell'arte della conversazione e del dialogo; l'impossibilità di prefigurare un futuro; la scomparsa di una tradizione che ci leghi e ci unisca; l'assenza di immagini, simboli, concetti, valori che siano veramente *comuni* e quindi in grado di creare *comunità*; il disorientamento complessivo: questi e altri problemi minacciano alla radice il fondamento del nostro stare insieme, del nostro essere società in quanto *societas* ovvero insieme di «soci».

Alcuni vogliono essere inclusivi e fanno bene: come si fa a non volerlo essere, come si fa a voler escludere e discriminare? Ma per includere tutti, si rinuncia ai nostri simboli e alle nostre tradizioni, come quando a scuola non si fa più il presepe e il Natale non è più la nascita di Gesù ma solo vacanze e Babbo Natale vestito come l'uomo della Coca Cola con i suoi regali truccati. Ormai più nessuno canta *Tu scendi dalle stelle*, meno che mai *Adeste fideles*, ma tutti canticchiano *Jingle bells, jingle bells, jingle all the way.*

Azzerando o quasi la soglia dell'inclusione nessuno è escluso, è vero, al contempo però nessuno si sente veramente accolto, perché non ci può essere reale accoglienza senza comunanza e sentimenti comuni, e non ci sono sentimenti comuni senza simboli comuni. Siamo in trappola: da un lato non possiamo tornare a quei simboli che hanno diviso e che hanno escluso; dall'altro, continuando a togliere forza ai simboli dell'identità, rimaniamo senza identità. Vogliamo includere, ma il problema è che non sappiamo su cosa fondare tale inclusione, su cosa strutturare il nostro stare insieme, il nostro essere società in quanto *societas*, insieme di soci.

La frammentazione sociale viene evidenziata in modo preoccupante dallo scollamento tra le generazioni. Conversando pochi mesi fa con una équipe di professori di sociologia dell'Università di Bologna, ho appreso che oggi lo spazio temporale tra le generazioni viene stimato in cinque anni: ogni cinque anni cioè vi sarebbe una nuova generazione, ovvero persone caratterizzate da un modo diverso di essere, di parlare e di agire rispetto a chi li precede. Se questo fosse vero, come purtroppo pare che sia, saremmo in presenza di un'incomunicabilità tra di noi così pervasiva da spaccare gli stessi giovani al loro interno, visto che oggi tra un quindicenne e un ventenne esisterebbe la stessa differenza che fino a poco fa passava tra un ventenne e un quarantenne, e tra quest'ultimo e un anziano. Il cosiddetto *tessuto sociale* è ormai un insieme arruffato di fili, la trama e l'ordito quasi interamente scomparsi. Che cosa ancora ci lega insieme? Stanno scomparendo i dialetti, non abbiamo più canti popolari, e in genere non si canta più insieme.

La modernità illuminista pose a fondamento del vivere comune la celebre triade di libertà-uguaglianza-fraternità. Il Novecento nei suoi primi decenni disgregò tali ideali producendo al loro posto, al fine di generare coesione sociale, due modelli contrapposti: uno che guardava all'indietro, e uno che guardava in avanti.

L'ideale nazifascista del sangue e del suolo, e della patria fondata su quel sangue e su quel suolo, rappresentò un passo indietro rispetto agli ideali di libertà-uguaglianza-fraternità. All'opposto l'ideale comunista della più totale uguaglianza tramite l'abolizione della proprietà privata, dell'utopia di un mondo futuro senza classi sociali, di un unico Stato senza frontiere detto *Internazionale*, volle rappresentare un passo in avanti rispetto agli ideali della modernità. In entrambi i casi l'esito fu sanguinosamente catastrofico. Così nella seconda metà del Novecento si riprodussero gli ideali della modernità, i quali oggi appaiono però nuovamente vicini alla consunzione. E guarda caso si ripresentano, con spaventosa puntualità, le tendenze di un secolo fa: da un lato la spinta all'indietro verso l'identità etnica per non dire razziale, verso una religione al servizio del potere che usa la croce come l'usavano i crociati, verso l'idea tradizionale e patriarcale di famiglia, verso la triade elettorale *Dio-patria-famiglia*; dall'altro lato la spinta in avanti verso l'abolizione di ogni nazionalità, verso la trasformazione del linguaggio sostituendo i plurali femminili e maschili con lo schwa, verso l'abolizione della presenza dei crocifissi dalle aule e delle croci dalle vette delle montagne, verso la fine di ogni definita identità sessuale, verso la cancellazione di ogni identità familiare per cui non esistono più padre e madre ma solo *genitore uno* e *genitore due*: il tutto per non offendere nessuno, per essere tutti uguali, tutti inclusi, ma dentro cosa non si sa di preciso. L'alternativa sembra non lasciare scampo: o un'identità come quella del passato che opprime i diversi e le minoranze, oppure l'essere parti di un sistema senza sapore e senza identità che non può costituire l'autentico punto di riferimento di nessuno. Siamo in trappola.

23. La radice velenosa

Le cinque trappole del mondo contemporaneo provengono tutte dalla incontrollata voracità del desiderio, rimasta senza freni a causa dell'assenza di un criterio regolatore e di un conseguente limite.

1) La voracità dell'Io genera il disprezzo verso il bene comune, verso la responsabilità nei confronti dell'ambiente, e in genere verso quelle virtù civiche che garantiscono la democrazia sostanziale, per alimentare invece l'interesse personale che si chiama furbizia e che genera evasione fiscale e spesso anche criminalità organizzata; ne viene, di conseguenza, che le forze politiche che appaiono meno sensibili al bene comune e al suo rigore, e più al bene strettamente personale e alla furbizia degli individui, vengono premiate sempre più in tutto il mondo a livello elettorale.

2) La voracità dell'Io genera un'economia che non conosce la cura del bene comune ambientale.

3) La voracità dell'Io alimenta la paura di perdere privilegi e favorisce quelle forze che usano il fenomeno migratorio per alimentare la paura e ottenere il consenso che dalla paura, per loro che si definiscono *sovraniste*, scaturisce. Non c'è solidarietà, umanità, senso di fratellanza: c'è l'egoismo primordiale del clan, della tribù, del noi contro loro.

4) La voracità dell'Io concepisce e partorisce una tecnologia a cui interessa solamente che gli esseri umani risultino operativi, efficaci, performativi, strumentalizzando così ogni cosa, ogni circostanza, ogni altro vivente.

5) Quanto infine alle armi, basta considerare che solo il 15 per cento di esse è posseduto dagli eserciti e dalle forze di polizie del pianeta, mentre il restante esorbitante 85 per cento è nelle mani dei privati cittadini. A quanto pare negli Stati Uniti d'America vi sono più armi che abitanti, visto che, secondo le statistiche, vi sono 120 armi ogni 100 abitanti. E da dove proviene tale situazione così abnorme e assurda se non dalla voracità dell'Io che si sente minacciato dalla voracità degli altri Io?

Come presto vedremo, Spinoza definiva la nostra essenza come *cupiditas*. Aveva ragione. Egli però proponeva, e prima ancora viveva, la trasformazione di tale *cupiditas* in *amor*, vale a dire in cura, attenzione, rispetto, responsabilità verso una dimensione più grande di noi che egli convenzionalmente chiamava *Dio* e grazie a cui la voracità può essere, almeno un po', sotto controllo (anche se il suo Dio non è il Dio trascendente e personale della Bibbia, ma è la Natura, intesa sia come *Natura naturata*, cioè come ciò che noi normalmente intendiamo con «natura», sia soprattutto come *Natura naturans*, cioè come la sorgente dell'essere naturale, come il principio attivo dell'essere).

Noi oggi però siamo senza Dio, abbiamo solo l'Io. Il Dio Io. Per questo l'economia non conosce nulla di superiore al profitto, la politica nulla di superiore al potere, e si generano le trappole in cui siamo caduti. La vera trappola, quindi, è interiore, è dentro di noi, è ciò che chiamiamo Io, ed è giunto il momento di esaminarla.

Il che va fatto con particolare attenzione perché, a differenza delle trappole sociali esaminate in questo capitolo rispetto alle quali ognuno di noi è pressoché impotente, sulla trappola dell'Io abbiamo il potere di intervenire e così intravedere, e forse imboccare, l'uscita. Credo sia per questo che mi vengono in mente le seguenti parole di Eschilo: «Devo riflettere profondamente per trovare il modo di salvarci: come un pescatore devo scendere giù, fino all'abisso, scrutando il fondo con occhio lucido e sobrio».[17]

[17] Eschilo, *Supplici*, versi 407-409, ed. it. in Id., *Le tragedie*, a cura di Monica Centanni, Mondadori, Milano 2003, p. 237.

24. Lo specifico umano

La trappola più radicale è dentro di noi e coincide con la nostra stessa essenza specifica: senza di essa non potremmo vivere, ma essa, allo stesso tempo, ci rende la vita una lotta, a volte un inferno. Qual è questa essenza specifica che costituisce la trappola più radicale?

Abbiamo peculiarità di tipo fisico come la statura eretta, la neocorteccia, il codice genetico. Abbiamo peculiarità psichiche quali le emozioni, i sentimenti, le passioni. Ne abbiamo di tipo intellettivo come l'intelligenza analitica che ci fa capire e trasformare il mondo dando origine alla scienza e alla tecnica, e come la ragione sintetica che ci porta a chiederci il significato della vita facendo nascere il pensiero e l'arte. Tutte queste caratteristiche, però, non sono tali da rinchiuderci in una definizione esaustiva perché vi è in noi qualcosa di ancora più essenziale: uno spazio vuoto. Presente al fondo di noi stessi, a causa sua noi risultiamo strutturalmente non-finiti, in-definiti, forse persino in-finiti.

Questo vuoto interiore fa sì che il nostro specifico umano consista nella singolare possibilità di essere e, insieme, di *non essere* il nostro corpo, il nostro intelletto, i nostri sentimenti. Il vuoto dentro di noi ci offre la possibilità di identificarci con le nostre proprietà fondamentali oppure di prenderne le distanze, così che possiamo essere unificati oppure scissi, sentirci a casa dentro di noi oppure in esilio. Ognuno di noi può guardarsi allo specchio e vivere un'esperienza di orgogliosa identità oppure di frustrante differenza, perché noi siamo il nostro corpo e *insieme* non lo siamo, con esso sperimentiamo momenti di perfetta identificazione e altri di completa estraneità. Lo stesso vale per le nostre conoscenze, le nostre idee, i nostri sentimenti: senza di loro non saremmo, ma da loro possiamo prendere le distanze e cambiarli, e cambiare.

25. Un'inquietudine strutturale

Fisicamente la nostra essenza specifica si può esprimere come un vuoto. Questo vuoto produce la tensione che psichicamente è detta *desiderio*, tensione generata a livello strutturale dal bisogno di riempire tale vuoto interiore originario. Il concetto di desiderio attesta tale vuoto o mancanza già nella sua etimologia, con il prefisso iniziale *de* indicante privazione (come nel caso di deconcentrazione, deforestazione, denutrizione).[1]

Spinoza parlava della nostra essenza specifica in termini di *cupiditas*: «*Cupiditas est ipsa hominis essentia*», «La Cupidità è l'essenza stessa dell'uomo».[2] Ma è chiaro che si può dare cupidità solo perché prima si sente il bisogno di avere qualcosa, e se ne sente il bisogno perché se ne è privi. Quindi all'origine c'è la privazione, la mancanza, la cavità, la situazione che io denomino *vuoto*.

Il vuoto interiore originario è una specie di motore che genera una spinta verso l'interno tendente a riportare tutto a sé. Lo si può raffigurare anche come un vortice che produce un continuo risucchio. A quanto ci è dato sapere, gli altri viventi non conoscono questo vuoto foriero di instabilità e per questo stanno bene con se stessi e vivono serenamente seguendo la loro natura. Noi invece, a causa di questa cavità che talora si espande e diviene una

[1] Il termine latino *desiderium* è formato dalla preposizione *de* e dal sostantivo *sidus sideris*, «stella», quindi letteralmente significa «via dalle stelle». Il verbo *desidero*, infinito *de-siderare*, letteralmente significa «cessare di contemplare le stelle a scopo augurale», e dunque «bramare». L'etimologia rimanda a una situazione tendenzialmente negativa: si desidera perché si è distaccati dal ritmo cosmico e si avverte una mancanza. Cfr. Manlio Cortellazzo e Paolo Zolli, *Dizionario etimologico della lingua italiana*, Zanichelli, Bologna 2016[17], *ad vocem*.

[2] Baruch Spinoza, *Etica*, parte III, Definizione degli affetti, I [1677, postuma], tr. di Gaetano Durante, Bompiani, Firenze-Milano 2017, p. 363. L'affermazione è ripetuta nella parte IV, nelle proposizioni 18 e 61, rispettivamente alle pp. 437 e 523 dell'edizione citata.

voragine, siamo preda di una tensione ininterrotta e il più delle volte incontrollata, la quale spesso procede a prescindere dalla logica naturale, non di rado contrapponendosele. Accade così che sappiamo perfettamente che un alimento o un'abitudine o una sostanza ci sono nocivi e tuttavia non vi rinunciamo per nulla.

Ha scritto Pascal (1623-1662): «Ho scoperto che tutta l'infelicità degli uomini deriva da una sola causa: dal non saper restarsene tranquilli, in una camera». Proseguiva il matematico e filosofo francese: «Ecco perché agli uomini piace tanto il chiasso e il trambusto». E infine: «Non si rendono conto della natura insaziabile della loro cupidigia. Credono sinceramente di cercare il riposo, ma cercano soltanto l'agitazione. C'è in loro un istinto segreto che li porta a cercare fuori di sé la distrazione e l'occupazione».[3]

Un cane, un gatto, un altro qualunque animale, tutte le piante, sanno stare benissimo per ore e ore del tutto in pace con se stessi perché la condizione della loro natura è sufficiente a se stessa e non conosce alcuno spazio vuoto che richiede di essere riempito. Essi non sanno cosa siano l'insoddisfazione e la noia. Per noi umani invece le cose vanno come ne scrive Pascal: non sappiamo stare tranquilli con noi stessi e per questo cerchiamo continue distrazioni. Da qui la voracità di cibo anche quando la fame è del tutto saziata (ma l'importante è avere qualcosa sotto i denti); di contatti, anche quando si tratta di risaputi antipatici (ma l'importante è non rimanere soli); di suoni, anche quando sono «immondizia musicale»[4] (ma l'importante è che non vi sia silenzio); di informazioni, anche quando non ci importa nulla di quanto accade (ma l'importante è avere qualcosa da dire); di letture, anche quando sono «immondizia letteraria» (ma l'importante è tenere occupata la mente); di viaggi, anche quando ciò che si vede non interessa minimamente (ma l'importante è non rimanere a casa); di fumo, di alcol e di droga, anche sapendo benissimo che ci distruggono (ma l'importante è andarsene lontano da sé); da qui la voracità di qualunque altra cosa risulti adatta a riempire il vuoto strutturale che conteniamo e in cui,

[3] Blaise Pascal, *Pensieri* [1670, postuma], n. 354, ed. it. a cura di Paolo Serini, Einaudi, Torino 1962^2, pp. 151-154.

[4] Franco Battiato, *Bandiera bianca*, nell'album *La voce del padrone*, 1981.

essenzialmente, consistiamo. Il nostro vuoto: la trappola strutturale in cui siamo nati e da cui non usciremo definitivamente mai. Per lo meno fino alla nostra morte. Dopo, chissà.

26. E chi non si sente in trappola?

Un certo numero di persone (tante, poche? una minoranza? la maggioranza?) non si identificano per nulla nella condizione di intrappolati e passano la vita pervasi da una felicità visibilmente ostentata, come se fossero permanentemente in crociera. A mio avviso, esse sono vittime di quella condizione di autoprigionia radicale che caratterizza chi sta in continuazione davanti allo specchio a guardarsi anche quando non è davanti a uno specchio fisicamente reale, perché è così intrappolato nel proprio Io da trasformare in uno specchio gli occhi degli altri. Dirige lo sguardo verso di te, ma in realtà guarda solo il suo riflettersi dentro di te perché ha occhi solo per sé. Tu non esisti veramente per lui, o per lei, sei solo uno specchio per il suo specchiarsi, una superficie per il suo risplendere.

Coloro che si trovano in questa condizione sono intrappolati nella trappola più insidiosa: quella che porta a pensare di non essere affatto in trappola. Sono infatti persuasi di vivere in una reggia e di essere un re o una regina. Nella realtà dell'esistenza concreta però non esistono né re né regine, esistono solo esseri umani intrappolati, e anche se alcuni di questi hanno sul capo una corona e vivono in una reggia dove tutti li chiamano «Sua Maestà», non per questo sono esentati dalla comune condizione umana e dalle sue contraddizioni, anzi per certi aspetti si ritrovano persino più in trappola dei cosiddetti *comuni mortali*.

Coloro che non si avvedono per nulla di essere intrappolati ma si sentono liberi e vincenti sono sempre esistiti. Di essi la filosofia antica parla ripetutamente: Eraclito li qualifica come «dormienti»,[5] Parmenide come «uomini a due teste [...] sordi

[5] Cfr. i detti di Eraclito in Diels-Kranz 22 B 1, 19, 34, 73, 75, 89, 104, ed. it. in *I Presocratici. Prima traduzione integrale con testi originali a fronte delle testimonianze e dei frammenti nella raccolta di Hermann Diels e Walther Kranz*, a cura di Giovanni Reale, Bompiani, Milano 2017^2, pp. 341ss.

e ciechi»,[6] Platone come prigionieri incatenati e felici nella caverna. Heidegger ha descritto questa poverissima condizione spirituale mediante il termine tedesco *man*, corrispondente al nostro «si», il soggetto impersonale che designa l'anonimo gregge del «si va, si dice, si fa, si pensa», quando il soggetto è tutti e nessuno, perché, a quel livello, «ognuno è gli altri, nessuno è se stesso».[7]

27. Cupiditas

Come ho già scritto, Spinoza definisce la nostra peculiarità strutturale in termini di cupidità: «*Cupiditas est ipsa hominis essentia*». *Cupiditas* è più di *desiderium*, cupidità è più di desiderio: è ardore, passione, brama, talora avidità. Ebbene, Spinoza afferma che noi siamo *essenzialmente* un desiderio così ardente da essere connotato come *cupiditas*. Cosa sono io? *Cupiditas*. Cosa sei tu? *Cupiditas*. Cosa siamo noi? *Cupiditas*.

Ne discende questo assioma: «Vivo dunque desidero», con quel *dunque* che richiama il più celebre dunque della storia della filosofia proferito in francese da Cartesio scrivendo *donc*, e da lui però collegato non al desiderio ma al pensiero: «*Je pense, donc je suis*», «Penso dunque sono», qualche anno dopo tradotto in latino: «*Cogito, ergo sum*».[8] Di contro, Spinoza sostiene che la nostra essenza specifica non è in alto, nel pensiero, ma nel centro di noi stessi, in quel desiderio ardente e cieco che si muove nel petto, nelle viscere e nei genitali da lui denominato *cupiditas* (e che io sostengo derivi dal vuoto originario). Non quindi: «*Cogito, ergo sum*», bensì: «*Cupio, ergo sum*».

La prova più incontrovertibile del mio essere vivo è data dal mio desiderio. Se non vivessi, non desidererei; ma, dato che vivo, necessariamente desidero e lo faccio ardentemente. Il mio

[6] Il detto di Parmenide in Diels-Kranz 28 B 6, ed. it. in *ivi*, p. 485.

[7] Martin Heidegger, *Essere e tempo* [1927], § 27, tr. di Pietro Chiodi, Longanesi, Milano 1976[4], p. 164.

[8] René Descartes, *Discorso sul metodo* [1637], IV, ed. it. a cura di Emanuela Scribano, San Paolo, Cinisello Balsamo 2003, pp. 114 e 675.

vivere si esplica intrinsecamente come intenso desiderare. Senza desideri non c'è vita, c'è morte. Vivere è uguale a desiderare; non desiderare è uguale a essere morti.

28. La cristianità medievale come repressione del desiderio

L'epoca moderna si afferma e si compie come valutazione positiva del desiderio. Si afferma e si compie come rivendicazione della positività del desiderio, persino quando è connotato come *cupiditas*. La cristianità medievale, al contrario, interpretava negativamente il *desiderium* e a maggior ragione la *cupiditas*, entrambi classificati come *concupiscentia* e ritenuti l'indicazione più chiara della corruzione umana a seguito del peccato originale. Non a caso Pascal, che viveva negli stessi anni di Spinoza (era nato nel 1623, Spinoza nel 1632), da cristiano di stampo tradizionale qual era, coltivava una visione negativa del desiderio umano da lui interpretato alla luce del dogma del peccato originale come «laido fondo dell'uomo», e altrove come vanità, vanagloria, concupiscenza.[9] A lui, così come a tutto il cristianesimo tradizionale di stampo paolino (ben diverso dal messaggio originario di Gesù che io definisco *gesuanesimo*),[10] interessava sostanzialmente solo affermare quanto segue: «Senza Gesù Cristo, l'uomo è di necessità nel vizio e nella miseria; con Gesù Cristo, è esente da vizio e da miseria. In lui è tutta la nostra virtù e tutta la nostra felicità; senza di lui non c'è se non vizio, miseria, errori, tenebre, morte, disperazione».[11]

In forza di tale pessimismo antropologico la cristianità insegnava la necessità di praticare la mortificazione del desiderio in tutte le dimensioni dell'esistenza umana, a livello del corpo, della psiche e dello spirito. Il desiderio del corpo veniva mortificato con astinenze, digiuni e soprattutto tramite la sistematica repressione della sessualità, non solo per chi si consacrava alla vita

[9] Pascal, *Pensieri*, n. 256, ed. it. cit., p. 121; cfr. anche i nn. 263, 264 e 343.
[10] Per l'argomentazione di questa affermazione rimando al mio libro *I quattro maestri*, Garzanti, Milano 2020.
[11] Pascal, *Pensieri*, n. 480, ed. it. cit., p. 211.

religiosa ma anche per i fedeli laici ai quali il sesso era consentito solo all'interno del matrimonio e a fini esclusivamente riproduttivi. Ne sono un esempio le parole di don Fabrizio principe di Salina al confessore a proposito delle relazioni sessuali con la moglie: «Sette figli ho avuto con lei, sette; e non ho mai visto il suo ombelico. È giusto questo?».[12] Ecco descritta la totale scissione tra procreazione e piacere sessuale.

La psiche veniva negata nel suo desiderio mediante la pedagogia detta «*age contra*», letteralmente «agisci in modo contrario», basata sull'agire in modo opposto alle inclinazioni naturali del soggetto ritenute espressioni della natura corrotta e la cui repressione era la condizione necessaria per forgiare la personalità e provare la vocazione. In questo modo l'uomo perfetto era considerato colui che raggiungeva la totale indifferenza, come insegnava sant'Ignazio di Loyola: «È perciò necessario renderci indifferenti rispetto a tutte le cose create, in tutto quello che è lasciato al nostro libero arbitrio e non gli è proibito; in modo che, da parte nostra, non vogliamo più salute che malattia, ricchezza che povertà, onore che disonore, vita lunga che breve, e così via tutto il resto».[13] Ecco descritta la morte del desiderio psichico.

Lo spirito infine veniva mortificato nel suo desiderio tramite la negazione della libertà di pensiero e l'esaltazione al sommo grado della virtù dell'obbedienza con l'accettazione acritica dei dogmi e dei precetti ecclesiastici, come insegnava sempre sant'Ignazio di Loyola: «Per essere sicuri di non sbagliare dobbiamo sempre regolarci in questo modo: quello che io vedo bianco, credo che sia nero, se la Chiesa gerarchica stabilisce così».[14] Ecco descritta la perfetta repressione dello spirito umano e della sua libertà di pensiero.

[12] Giuseppe Tomasi di Lampedusa, *Il gattopardo* [1957], Feltrinelli, Milano 1993[60], p. 38.

[13] Ignazio di Loyola, *Esercizi spirituali*, 23,5-6 [1548], ed. it. a cura di Gaetano Piccolo, Garzanti, Milano 2016, p. 59.

[14] *Ivi*, 365,1, p. 253. È la tredicesima delle «Regole da osservare per avere l'autentico sentire nella Chiesa militante» stabilite dal fondatore dei gesuiti. La prima è: «Deposto ogni giudizio, dobbiamo tenere l'animo disposto e pronto per obbedire in tutto alla vera sposa di Cristo nostro Signore che è la nostra santa madre Chiesa gerarchica» (*ivi*, 353, p. 251).

Ma, come ho detto all'inizio, l'epoca moderna si afferma e si compie come superamento di tutto ciò nella valutazione positiva del desiderio umano, persino se connotato come *cupiditas*.

29. E ora?

E ora? La religione di un tempo ci aveva intrappolati, noi ce ne siamo liberati e abbiamo fatto bene, ma siccome a causa del vuoto originario non possiamo fare a meno della dimensione religiosa (che per questo da sempre appartiene strutturalmente all'esistenza umana), ora siamo caduti in una forma surrogata di religione che imprigiona in modo altrettanto intenso, se non peggiore.

Un bambino o una bambina di un tempo, educati nell'antica religione, erano in trappola per una serie di motivi: l'indottrinamento catechistico che veicolava una serie di dottrine sbagliate sulla natura, la storia, l'umanità; la negazione della libertà di pensiero; le angherie dell'apparato clericale; la negazione della corporeità; e in genere un enorme senso di colpa. Tutto vero. Però, siccome la religione, nonostante tutte queste sue imperfezioni, rimandava al bene, al vero, alla giustizia, all'ideale della santità e a una concezione austera e autentica della vita, produceva in chi la viveva una particolare energia che poi si poteva riversare in modo fruttuoso su se stessi e sul mondo. Generava cioè un desiderio di impegno, di dedizione, di fedeltà, che poteva esprimersi anche come negazione della religione, ma che tuttavia conteneva alla radice un atteggiamento di *serietà* rispetto alla vita. In armonia o contro la religione, l'energia morale prodotta dalla religione entrava comunque nel circolo del mondo. E ora?

La dimensione morale della vita un tempo era per lo più basata sul senso di peccato. Andando in chiesa regolarmente, si usava ripetere all'inizio di ogni celebrazione di aver peccato riconoscendolo davanti a tutti: «Confesso a Dio onnipotente e a voi fratelli che ho molto peccato», specificando poi che tali peccati erano avvenuti «in pensieri, parole, opere e omissioni». Il più delle volte si ripetevano queste parole senza pensarci, ma talora poteva accadere di soffermarvisi e di sentire come un richiamo a rivedere quanto avvenuto qualche giorno prima quando, effettivamente, ci si era comportati in modo sbagliato o pensando male, o parlando male, o facendo del male, o non facendo il bene che si sarebbe dovuto fare; insomma, *peccando*.

Vi è stato e vi è tuttora un uso indubbiamente sproporzionato del senso del peccato da parte della tradizione cattolica, a partire dal dogma nefasto del peccato originale attribuito a ogni neonato per il fatto stesso di essere venuto al mondo, tuttavia il peccato, purtroppo, esiste. E anche i peccatori. Oggi però non ne sappiamo parlare, e tutto appare completamente lecito. L'Io conosce solo se stesso e le sue voglie, senza curarsi minimamente di ciò che un tempo si chiamava *comandamenti* o anche solo *buona educazione*. Perché mai non si dovrebbe insultare, bestemmiare, essere prepotenti? Perché mai non si dovrebbe girare in città in canottiera, mutandoni e ciabatte? Quale moralismo è mai quello che impone a uno come deve o non deve parlare, come si deve o non si deve vestire? Se uno vuole gridare ai quattro venti i più truci turpiloqui, perché mai non dovrebbe farlo quando vi sono politici con profilo istituzionale che sono l'ipostasi della volgarità? E se vuole girare seminudo, perché mai non dovrebbe farlo quando in TV è quello che vede quasi regolarmente?

Oggi il desiderio ardente della *cupiditas*, che è la nostra essenza, conosce e vuole solo se stesso. Ci siamo liberati dalla trappola della religione, ma siamo finiti nella trappola altrettanto mortale della dittatura capricciosa del desiderio individuale.

30. Il «lupo universale» in azione

Cosa succede quando il desiderio non conosce e non vuole altro che sé? Quando si esercita come brama e cupidigia assoluta? Quando senza curarsi di nulla procede ad arpionare tutto quanto è oggetto delle proprie brame? Succede che si attua quanto venne intuito da Shakespeare, prevedendo profeticamente l'essenza di questa nostra epoca:

Tutto avrà nome potere, e il potere volontà, e la volontà
desiderio,
e il desiderio, lupo universale,
assecondato doppiamente dalla volontà e dal potere
farà dell'intero universo la sua preda
per poi, alla fine, divorare se stesso.[15]

Queste parole parlano di noi. Anzitutto per il fatto che il vorace desiderio dell'essere umano ha fatto del pianeta la sua preda e lo sta sempre più depredando. Oggi di pianeti ne occorrerebbero due, forse di più, viste tutte le risorse naturali che estraiamo da questo nostro unico pianeta sempre più impoverito. Le conseguenze? Temperatura in aumento, ghiacciai che si sciolgono, fiumi e laghi che arretrano, mari che si innalzano, oceani colmi di plastica, temporali come bombe, grandine come palle da tennis, ecosistemi distrutti, specie che si estinguono, foreste abbattute, megalopoli da incubo, rifiuti ovunque, umani sempre più spaventati e depressi, i loro corpi già ripieni di microplastiche. I dominatori del pianeta presi in trappola da se stessi.

Ma la trappola è ancora più inquietante perché il trionfo del desiderio soggettivo conosce anche l'ulteriore dialettica evidenziata da Shakespeare, ovvero il fatto che il desiderio, alla fine, divora se stesso. Lo dimostra la sua caduta in ambito sessuale, documentata dallo psicanalista junghiano Luigi Zoja con il saggio *Il declino del desiderio*, sottotitolo: *Perché il mondo sta rinunciando al sesso*.[16] Un altro tra i più importanti psicanalisti del nostro paese, Stefano Bolognini, di scuola freudiana, da me già ricordato in precedenza, un giorno mi disse che all'inizio della sua carriera i pazienti gli si presentavano perché soffrivano a causa dell'oppressione del Super-Io: troppi no, troppe imposizioni, troppe repressioni del desiderio; e che oggi, invece, gli si presentano per il motivo opposto, perché soffrono a causa dell'assenza del Super-Io: troppi sì, solamente sì, con un desi-

[15] William Shakespeare, *Troilo e Cressida* [1602], atto I, scena 3, tr. di Francesco Binni, Garzanti, Milano 2013^5, p. 43. Il termine originale inglese qui tradotto con «desiderio» è *appetite*.

[16] Luigi Zoja, *Il declino del desiderio. Perché il mondo sta rinunciando al sesso*, Einaudi, Torino 2022.

derio che non si ferma davanti a nulla e che alla fine si consuma e si spegne. Bolognini ha ribadito il concetto per iscritto: «Il Super-Io di carattere morale, un tempo il nemico naturale degli psicanalisti, è oggi meno forte; l'Ideale dell'Io invece è diventato schiacciante e pervasivo, il vero padrone della scena».[17]

In assenza di qualcosa di superiore rispetto all'Io, ognuno si ritrova a essere governato solo dal proprio desiderio privato. Laddove il termine *privato* è da intendersi nel suo duplice senso: strettamente personale e privo. Il desiderio è privato non solo perché appartiene al soggetto, ma anche perché è privo di un criterio-guida superiore al proprio Io e quindi condivisibile anche da altri soggetti.

Da questa assenza di Super-Io si genera inevitabilmente un Io-Super che conosce e vuole solo se stesso. Ma cosa si ottiene da una massa di Io che si autoritengono Super, superiori a ogni altra istanza? Da individui che considerano se stessi il centro del mondo e che educano i loro figli a fare altrettanto trasformandoli in piccoli dittatori viziati? Milioni di Io autoreferenziati che vogliono solo se stessi non possono che condurre alla lacerazione del tessuto sociale, all'incubo che gli antichi descrivevano come *bellum omnium contra omnes*, «guerra di tutti contro tutti». E infatti oggi siamo sempre più tra di noi non solo «stranieri morali»,[18] ma anche «nemici» morali, con una persistente conflittualità che si manifesta nei litigi che pervadono le strade, i condomini, le famiglie, ogni altro ambito. Prendiamo la scuola. Perché, a differenza di quand'ero ragazzo, i genitori in un conflitto tra i loro figli e gli insegnanti si schierano quasi sempre dalla parte dei figli? È a causa del loro amore? Anche i genitori di un tempo amavano i figli, ma erano consapevoli altresì dell'importanza che essi crescessero acquisendo capacità di obbedire e rispetto dell'autorità, per cui, proprio perché volevano loro bene, volevano anzitutto *il loro bene*, e per questo non esitavano a sostenere gli insegnanti nell'impartire la disciplina. I genitori che

[17] Stefano Bolognini e Luca Nicoli, *Freud e il mondo che cambia. Psicoanalisi del presente e dei suoi guai*, Enrico Damiani Editore, Brescia 2022, p. 28.

[18] Riprendo l'espressione da Hugo Tristram Engelhardt Jr., *Manuale di bioetica* [1996], tr. di Stefano Rini, il Saggiatore, Milano 1999, p. 441.

oggi proteggono i loro figli dai rimproveri degli insegnanti (salvo, ovviamente, casi clamorosi) non lo fanno perché amano i figli, ma perché amano se stessi e il loro Io è proiettato sui figli. Non si tratta di amore, ma di immaturo egoismo.

Il lupo universale, figura del desiderio ardente detto *cupiditas*, è la nostra essenza, noi non possiamo esserne privi, e se lo siamo, deperiamo. Allo stesso tempo però è facile constatare come, lasciato a se stesso, esso divori ogni cosa, alla fine anche i propri figli e il proprio sé. Siamo in trappola.

31. La più grande mancanza

a)

La trappola più radicale riguarda, come dice il termine stesso, la *radice*: e la radice è l'Io e il desiderio che lo costituisce. Noi non possiamo vivere senza il desiderio che è la nostra essenza, ma il desiderio è un lupo universale che devasta il pianeta e poi divora anche se stesso. Questo desiderio famelico ha ormai divorato una delle tre idee fondamentali che da sempre strutturano la mente umana, cioè l'idea di Dio, la quale riusciva, non senza le unilateralità evidenziate, a moderarlo e a orientarlo. Ora però noi di tale idea moderatrice e orientatrice siamo rimasti privi, per cui sorge la domanda: si può vivere senza l'idea di Dio?

Dipende. Senza Dio nel senso teologico si può vivere, e anche abbastanza bene, come dimostra l'esistenza di molti. Ma senza Dio nel senso psichico, cioè come scopo e principio direttivo, non penso si possa vivere. O meglio, si può, ma si vive male perché privi di un orientamento complessivo, di un senso, di una direzione, di una prospettiva nobile e globale. Si vive alla giornata. Noi però non siamo fatti per vivere alla giornata, altrimenti non avremmo costruito le piramidi, le ziqqurat, il Partenone, la biblioteca di Alessandria d'Egitto e tutte le altre meraviglie del mondo antico e le meraviglie del mondo moderno nelle quali ci specchiamo e ci identifichiamo; altrimenti non avremmo le corali, le sinfonie, gli inni, i canti di montagna, quella musica che quando viene suonata e cantata ci fa fremere e ci unifica, ma avremmo solo canzonette e disco-music.

Nessun uomo, esistenzialmente parlando, è un ateo; tutti hanno bisogno di una divinità, trascendente o immanente che sia, celeste o terrestre, nel cui nome raccogliersi e nella cui luce camminare. Tale bisogno strutturale di un Dio è dimostrato dal fatto che oggi la divinità non è per nulla scomparsa ma si è trasformata: da metafisica qual era, è divenuta fisica: è l'Io. I nostri giorni sono il tempo del Dio Io. Ego-latria. Anzi, la divinità è divenuta corporea: il suo tempio è il corpo di ognuno. Soma-latria. E il vero libro sacro dei nostri giorni, che rende antichi tutti i libri sacri precedenti (della religione, della filosofia, della politica), è il vangelo dell'economia e del profitto.

Dal solenne *Te Deum* dei secoli passati cantato in piedi tutti insieme, siamo passati al chiassoso e vorace *Me Deum* dei nostri poveri giorni che ognuno canta per sé come e quando gli pare. Dalla padella, come si usa dire, nella brace.

b)

Annunciando la morte di Dio e prefigurando l'avvento del nichilismo, Nietzsche, che si riteneva «nato postumo»,[19] era consapevole di non parlare dei suoi giorni di fine Ottocento ma dei nostri: «Ciò che racconto è la storia dei prossimi due secoli. Io descrivo ciò che viene, ciò che non può più venire in altro modo: *l'insorgere* del *nichilismo*».[20]

Proclamando la morte di Dio, Nietzsche ne prevedeva le temibili conseguenze umane facendo dire all'uomo folle rivolto alla gente del mercato (cioè a tutti noi): «Non stiamo forse vagando come attraverso un infinito nulla? Non alita su di noi lo spazio vuoto? Non si è fatto più freddo? Non seguita a venire notte, sempre più notte?». La gente del mercato ammutolisce e il folle conclude: «Vengo troppo presto, non è ancora il mio tempo. Questo enorme avvenimento è ancora per strada e sta facendo il suo cammino».[21]

[19] Friedrich Nietzsche, *L'anticristo. Maledizione del cristianesimo* [1888], Prefazione, tr. di Ferruccio Masini, Adelphi, Milano 1984^{6}, p. 3.

[20] Friedrich Nietzsche, *La volontà di potenza* [1906, postuma], Prefazione, aforisma 2, Frammenti postumi ordinati da Peter Gast ed Elisabeth Förster-Nietzsche, ed. it. a cura di Maurizio Ferraris e Pietro Kobau, Bompiani, Milano 2001^{4}, p. 3.

[21] Friedrich Nietzsche, *La gaia scienza* [1882], III, n. 125, tr. di Ferruccio Masini, Adelphi, Milano 1989^{6}, pp. 129-130.

Oggi l'enorme avvenimento della morte di Dio ha compiuto il suo cammino e pervade le nostre coscienze. Oggi tutti noi, credenti e non-credenti, ci troviamo alle prese con le conseguenze sempre più evidenti di una crisi di senso, il cui epifenomeno dominante si chiama *narcisismo* e la cui consistenza ontologica si chiama *nichilismo*.

Nietzsche aveva messo in chiaro da subito qual era la portata effettiva della morte di Dio da lui proclamata, dicendo che essa riguardava non solo la religione, ma anche, ben più pericolosamente, la morale: «La cosa decisiva è lo scetticismo rispetto alla morale».[22] Commentandolo sessant'anni dopo, Heidegger scriveva che l'espressione «Dio è morto» significa che il mondo trascendente ha perso ogni forza attrattiva, per cui «non resta più nulla a cui l'uomo possa attenersi e secondo cui possa regolarsi».[23] Ancora una volta è chiaro che la morte di Dio riguarda non tanto Dio (il quale, se c'è, non può certo morire), bensì tutti noi.

Cosa trasmette, infatti, il concetto di Dio in quanto concetto *filosofico*? La risposta è: il punto fermo. Dio rappresenta il punto fermo del pensiero in quanto cognizione e il punto fermo della volontà in quanto volizione. Il concetto di Dio agisce come punto fermo orientativo dello spazio vuoto dentro di noi. Quindi la mancanza di Dio è la mancanza di un punto fermo comune. Per questo il nostro tempo, connotato dall'assenza di Dio in quanto punto fermo comune, genera l'inevitabile privatizzazione del bene, del giusto, del vero, del bello, e infatti oggi ognuno pensa e agisce e concepisce la bellezza come gli pare. Il risultato è il caos sotto gli occhi di tutti, anzi *dentro* gli occhi di tutti.

Inoltre il venir meno della *religio* coincide strutturalmente con il venir meno della *societas*. *Religio* e *societas* infatti sono sempre state intrinsecamente connesse e non c'è mai stata l'una senza l'altra. Perché? Esattamente per la necessità di avere un punto fermo comune sul quale appoggiarsi e al quale appellarsi per costruire l'aggregazione. I fondatori di religioni come Mosè, Bud-

[22] Nietzsche, *La volontà di potenza*, aforisma 3, ed. it. cit., p. 7.

[23] Martin Heidegger, *La sentenza di Nietzsche: «Dio è morto»* [1940], in Id., *Sentieri interrotti* [1950], ed. it. a cura di Pietro Chiodi, La Nuova Italia, Firenze 1987³, p. 198.

dha, Maometto furono al contempo fondatori di civiltà, e un fondatore di civiltà come Confucio non fu per nulla privo di spiritualità e afflato religioso. Numa Pompilio, secondo re di Roma, dopo la fondazione da parte di Romolo diede alla città una *religio* per risultare coesa, e Roma lo fu. Il valore sociopolitico della *religio* è stato riconosciuto da molti filosofi della storia e della politica, tra cui Machiavelli, Bruno, Spinoza, Hegel, Schmitt, Gramsci, Bobbio. Noi però oggi siamo senza Dio, senza punto fermo comune attorno a cui aggregarci, e dal nostro essere senza *religio* consegue lo sfaldamento della nostra *societas*.

c)

Per Spinoza la *cupiditas* genera inevitabilmente la schiavitù degli affetti, come argomenta nella parte IV dell'*Etica* intitolata *La schiavitù umana ossia le forze degli affetti*. Per lui la via per uscire dalla trappola interiore consiste nella trasformazione, tramite la potenza dell'intelletto, della *cupiditas* in *amor*. Più precisamente, in *amor erga Deum*, in «amore verso Dio», come argomenta nella parte V e finale dell'*Etica* intitolata *La potenza dell'intelletto ossia la libertà umana*.

Oggi però i più sono rimasti senza Dio, o peggio, hanno fatto del loro Io il loro Dio, e quindi questa trasformazione della *cupiditas* in *amor* risulta impossibile e la *cupiditas* rimane tale. La conseguenza è che dalla *cupiditas* lasciata a se stessa procede l'azione del lupo universale, con la distruzione del pianeta e la sua finale autodistruzione.

Privo di qualcosa di superiore a se stesso, di un Super-Io, l'Io è divenuto esso stesso Super e non conosce nulla di superiore a se stesso. Senza un Dio, l'Io è divenuto Dio: il Dio Io. E ognuno si canta il suo *Me Deum*. Il risultato? Non la perfetta liberazione, meno che mai la perfetta felicità, ma un'altra, altrettanto dolorosa, prigionia. Peggiore o migliore della precedente? Non so, di certo si tratta allo stesso modo di una prigionia.

Il Dio del passato non può e non deve ritornare. Il Dio del presente a forma di Io è un incubo ogni giorno più aggressivo. Il Dio del futuro non ha ancora mandato segnali di sé. E noi, qui e ora, divorati dalla nostra *cupiditas* senza limiti, siamo in trappola.

32. Prigionia e cattiveria

Il mondo là fuori è una trappola: c'è quella belva affamata che mi vuole divorare. Il mondo qui dentro è una trappola: c'è il drago là sotto con le sue fauci spalancate. Io sono qui, dentro il pozzo della mia *cupiditas*: sento ruggire la belva là fuori, vedo il drago là sotto, e il cespuglio a cui mi aggrappo so che cederà da un momento all'altro; i due topi, uno bianco e uno nero, non sono ancora arrivati, ma ci pensa la mia ansia a rosicchiare gli appigli della mia anima.

Sono in trappola e divengo cattivo. Tutti sono in trappola e divengono ogni giorno più cattivi. Se solo mi rendessi conto di questo; se solo ci rendessimo conto di questa comune prigionia che ci incattivisce, ci guarderemmo con occhi diversi. E forse basterebbe. Invece, non ce ne rendiamo conto e diveniamo più cattivi.

Prigionia e cattiveria sono strettamente collegate, lo dimostra la comune etimologia latina. La radice è il verbo *capio*, *capere*, che di base significa «prendere», «conquistare», poi anche «capire»; il suo participio passato *captum*, «conquistato», ha generato l'aggettivo *captivus*, che significa «prigioniero» e che poi nel medioevo ha dato origine all'italiano «cattivo». Ma anche senza l'attestazione dell'etimologia, ognuno lo vede da sé quanto tutti noi, intrappolati, diventiamo ogni giorno più cattivi, più duri, più impazienti, più arroganti, più taglienti. E ne siamo soddisfatti, perché è così che vogliamo essere e soprattutto apparire. Già i bambini e le bambine mirano a essere considerati dei duri. Prova ne sia che l'aggettivo «cattivo» e il sostantivo «cattiveria» sono saliti di valore nella mentalità comune, mentre sono scesi corrispettivamente l'aggettivo «buono» e il sostantivo «bontà». Quanti sono rimasti a preferire di essere considerati buoni, piuttosto che temuti come cattivi? Di avere fama di bontà, piuttosto che di temibile cattiveria? Una sera a cena da amici un signore che vive in campagna ha detto che dalle sue parti sono scomparsi i passerotti, divorati dalle gazze: anche in natura non c'è più spazio per chi è mite e gentile.

Essere cattivi però significa essere prigionieri. E anche se noi non lo capiamo più perché siamo contagiati dal falso mito della volontà di potenza, spesso esercitato come volontà di prepotenza, in realtà è solo l'autentica bontà che libera dalla trappola dell'esistenza. Ma noi ci atteggiamo a cattivi per risultare duri e vincenti, e vogliamo che gli altri ci temano, e godiamo della loro paura e ci sembra di trionfare quando succede così. In realtà il male si insinua dentro di noi, perché il male procurato non può che generare male in chi lo procura. La cattiveria si rivela per quello che è, cattività, e noi siamo in trappola.

33. Pensiero = direzione e destinazione

All'inizio di questo piccolo saggio mi sono chiesto cos'è *veramente* la vita, e ho risposto affermando che è un laboratorio nel quale stiamo conducendo un esperimento. Abbiamo solo un tentativo, nessuna possibilità di ritentare, perché, anche ammettendo la legge del karma che prevede successive rinascite, l'essere che rinascerebbe non è la singolare individualità che siamo noi ora, ma qualcuno di comunque diverso. Non ci sono altri tentativi per noi nella nostra singolarità, per noi con questo corpo e questo carattere, per noi con questa storia e questi affetti, e l'esperimento che stiamo conducendo può fallire. Credo che l'insegnamento della sapienza biblica quando parla di *timor di Dio*, al di là degli ingenui antropomorfismi e della conseguente paura di un personaggio onnipotente che tutto vede e controlla, consista proprio in questo: nella consapevolezza che non esiste una seconda alternativa e che si può perdere tutto, se non si è avveduti nel gestire questa unica possibilità che ci è data. Per questo la Bibbia avverte: «Principio della sapienza è il timore del Signore».[1] Noi potremmo dire: «Principio della sapienza è il possibile fallimento della vita». Penso che tutti abbiamo visto delle esistenze fallite. E probabilmente talora abbiamo anche avvertito l'amara sensazione del fallimento della nostra.

Come ogni vero esperimento, però, anche il nostro può riuscire, e sono altrettanto sicuro che tutti abbiamo visto anche delle esistenze riuscite. Ma la domanda a questo punto è: come si riesce? Anzi, come si ri-esce? Come si *esce* cioè dalla trappola della vita?

[1] *Libro dei salmi* 111,10.

Io *esco* dalla trappola e *riesco* nella vita se capisco che la belva feroce, il drago con le fauci spalancate, i due topi uno bianco e uno nero, sono i miei pensieri sbagliati. Pensare, infatti, significa *dirigere*. E da come io penso dipende la mia *direzione*, viene orientata la mia marcia nella vita, dalla quale, poi, deriva la mia *destinazione*: il fatto cioè che io possa finire nella sfiducia e nel nulla e non uscire né riuscire ma fallire; oppure che possa pervenire alla fiducia e all'amore, e uscire dalla trappola e riuscire nella vita.

Ne consegue questo elementare sillogismo: *pensiero = direzione*; *direzione = destinazione*; di conseguenza *pensiero = destinazione*. L'esito della nostra vita dipende dal nostro pensiero. Dipende dalla meta fissata dal pensiero e che dirige il cammino. Nel particolare esercizio della mente alle prese con lo spazio vuoto che ci abita e in cui si muove la nostra energia intelligente non è in gioco soltanto il mondo là fuori; ben più seriamente, è in gioco il mondo qui dentro: il destino di ognuno di noi. Di me, imprigionato nel mezzo di quel pozzo nel deserto. Pensare significa dirigere e ha un compimento esistenziale.

34. Il fondamento del retto pensiero

Ma prima ancora che dirigere, pensare significa *essere diretti*. Intendo dire che il fondamento del pensare è la disposizione etica, e che il fondamento del *retto* pensiero è la scelta per il bene e la giustizia. Intendo dire, in altri termini, che la dimensione etica è molto più decisiva di quella teoretica, perché è propriamente l'etica a costituire la sorgente e la direzione della dimensione teoretica. Se infatti il pensiero a livello teoretico si configura in un determinato modo (per esempio ponendo il massimo valore nel bene e nella giustizia, come insegnano, ognuno a modo suo, Platone, Gesù e Kant) è perché a livello esistenziale si vive e si è in quel determinato modo: si vuole essere buoni e non cattivi. Ha scritto Fichte: «La filosofia che uno ha, dipende da che uomo uno è».[2] Motivando poi così la sua affermazione:

[2] Johann G. Fichte, *Prima Introduzione alla dottrina della scienza* [1797], citato da Sofia Vanni Rovighi, *Elementi di filosofia*, vol. I, *Introduzione, Logica, Teoria della conoscenza*, La Scuola, Brescia 1964², p. 11.

«Un sistema filosofico, infatti, non è un'inerte suppellettile, che si possa abbandonare o accettare a proprio piacimento: al contrario, esso è animato dall'anima dell'uomo che lo ha fatto proprio. Un carattere fiacco per natura, o infiacchito e deformato da schiavitù spirituale, pompa accademica e vanità, non potrà mai elevarsi all'idealismo».[3]

Nella stessa prospettiva si collocano Pavel Florenskij e Benedetto Croce. Ha scritto il primo: «Il sistema di pensiero viene determinato dallo scopo della nostra vita, e dipende dalla struttura della vita spirituale, dal centro verso il quale quest'ultima si rivolge».[4] Ha scritto il secondo: «Ciascuno ha la filosofia o la religione di cui è degno».[5]

Il punto decisivo, quindi, non è teoretico ma etico-spirituale, e consiste ultimamente in una *scelta*. Oppure, forse, in un *essere stati scelti*, in un dono, una grazia, una chiamata, una vocazione, come ora che passano gli anni sono più propenso a ritenere, avendo constatato che tutte le cose più importanti della vita avvengono inizialmente al passivo, e solo poi divengono attività generatrici di azioni e di creazioni.

Rimane comunque che all'inizio, a prescindere dalla sua origine, vi è un'*opzione fondamentale*. La quale, nel caso del retto pensiero, coincide con il voler essere prima di tutto giusto, molto più che potente, famoso, premiato, temuto eccetera. L'etica, in altri termini, non viene *dopo*, come applicazione di quanto si è acquisito in ambito teoretico; no, l'etica viene *prima*, è la luce che orienta e decide il lavoro teoretico.

Il grande limite della cultura occidentale è di ritenere che la dimensione etica venga dopo e sia meno importante di quella teoretica perché ne costituirebbe solo un'estensione applicativa. Così è in ambito teologico, all'interno del quale l'etica è molto meno decisiva della dogmatica, come risulta evidente dal *Credo*

[3] Johann G. Fichte, *Prima Introduzione alla dottrina della scienza* [1797], in Id., *Prima e Seconda Introduzione alla dottrina della scienza*, ed. it. a cura di Claudio Cesa, Laterza, Roma-Bari 1999, p. 20.

[4] Pavel Florenskij, *La concezione cristiana del mondo* [1921], a cura di Antonio Maccioni, Pendragon, Bologna 2011, p. 190.

[5] Benedetto Croce, *Etica e politica* [1931], a cura di Giuseppe Galasso, Adelphi, Milano 1994, p. 66.

cristiano, il *Simbolo* niceno-costantinopolitano recitato dai fedeli ogni domenica,[6] interamente dedicato alla dogmatica e privo di una sola parola di ordine etico (del tutto all'opposto dell'insegnamento di Gesù). E così è in ambito filosofico, all'interno del quale la pratica etica non ha rilievo rispetto all'insegnamento della filosofia e meno che mai rispetto alla sua elaborazione teoretica, perché si ritiene che il vero filosofo sia *al di là del bene e del male* (del tutto all'opposto rispetto all'insegnamento di Socrate e in genere della filosofia antica). È a causa di questo limite strutturale che siamo finiti in una trappola oscura a forma di pozzo da cui non possiamo uscire né risalendo né proseguendo, ma che ci costringe a rimanere «tra color che son sospesi».[7]

35. L'orientamento decisivo

Il fatto che l'etica sia all'inizio e costituisca il fondamento non significa che si debba essere anzitutto buoni e pensare agli altri; no, significa che si deve essere intelligenti e pensare a se stessi. Pensare a come uscire dalla trappola. A come debellare l'ansia, l'insoddisfazione cronica, il malumore persistente, la mancanza di sorriso. A come imparare a vivere. A come raggiungere l'*arte* del vivere, la quale consiste nella generazione della gioia. Non serve a nulla, infatti, farsi la cosiddetta *posizione*, esercitare il potere, comporre trattati di impeccabile rigore teoretico, raggiungere strabilianti acquisizioni scientifiche, ottenere i più prestigiosi riconoscimenti, e poi non essere capaci di dire grazie e di sorridere con sincerità, o essere invidiosi dei colleghi, o praticare una delle tante meschinerie di cui gli esseri umani possono essere raffinati specialisti e passare l'esistenza in continuo

[6] Cfr. DH 125-126 per il testo approvato dal concilio di Nicea nel 325, e DH 150 per il testo approvato dal concilio di Costantinopoli nel 381. La sigla DH sta per i cognomi di due gesuiti tedeschi, Denzinger e Hünermann, e rimanda all'opera iniziata dal primo nel 1854 e curata dal secondo per l'edizione di cui mi avvalgo (la 37ª), che riporta i principali documenti dottrinali della Chiesa cattolica: Heinrich Denzinger, *Enchiridion symbolorum definitionum et declarationum de rebus fidei et morum*, a cura di Peter Hünermann, ed. it. a cura di Angelo Lanzoni e Giovanni Zaccherini, EDB, Bologna 1996.

[7] Dante, *Inferno*, II,52.

malumore. Vivere per passare alla storia, e per questo passare la vita nella trappola dell'Io, non è molto intelligente.

In questa prospettiva affermo che il pensiero è ciò che imprigiona ma insieme anche ciò che libera. La radice della trappola e della liberazione è la medesima: è la mente, e la sua produzione continua che si chiama pensiero. Insegna il *Dhammapada*, il più venerato tra i libri sacri buddhisti: «Tutto ciò che siamo è generato dalla mente. È la mente che traccia la strada»,[8] e infatti il buddhismo si propone come guarigione della mente. Lo stesso vale per la filosofia antica, il cui senso complessivo è riassunto così da Pierre Hadot: «La filosofia antica è direzione spirituale».[9]

Il compito fondamentale del pensiero in quanto lavoro interiore consiste nella guarigione delle malattie della mente, che non sono solo quelle che noi oggi denominiamo *malattie mentali*, indicando patologie psichiche quali psicosi, ansia, depressione, disturbi del comportamento alimentare e molte altre; no, sono anche le false opinioni sul senso e sul valore della vita. Per esempio che altro è, se non una malattia, l'assegnare il primo posto della vita al denaro? O fare della furbizia la regola per trattare con gli altri? O parlare subdolamente simulando e dissimulando? O praticare la sessualità senza il minimo rispetto come predazione ed esibizione di trofei?

Da queste vere e proprie malattie mentali, definibili anche *cardiache* perché riguardano altresì il cuore quale organo del sentimento, e che sono tanto più gravi quanto più legittimate dal pensiero dominante, si può guarire solo mediante un lavoro sulla mente e sul cuore per denominare il quale nell'antica Grecia si coniò il termine *filosofia*. La filosofia infatti nacque e si sviluppò come «esercizio spirituale», come «cultura di sé», come «maniera di vivere»,[10] secondo la convinzione di fondo

[8] *Dhammapada*, 1,1, citato in *Dhammapada per la contemplazione*, versione di Ajahn Munindo, tr. di Chandra Candiani, Associazione Santacittarama, Frasso Sabino 2002, p. 5.

[9] Pierre Hadot, *Che cos'è la filosofia antica?* [1995], tr. di Elena Giovanelli, Einaudi, Torino 1998, p. 203.

[10] Cfr. Pierre Hadot, *Esercizi spirituali e filosofia antica* [1981], ed. it. a cura di Arnold I. Davidson, Einaudi, Torino 2005.

espressa da questa antica sentenza: «Vuoto è il discorso del filosofo se non contribuisce a guarire la malattia dell'anima».[11]

Il pensiero filosofico autentico ha come scopo primario la diagnosi e la terapia delle malattie della mente e del cuore, e per questo, nella misura in cui è fedele alla missione che gli deriva dalla fondazione originaria, esso ancora oggi si assume il compito di guidare chi lo pratica a uscire dalla trappola; ad abbandonare la via principale, insegnava Pitagora;[12] a uscire dalla caverna, insegnava Platone. E Gesù, che, pur non essendo un filosofo ma un profeta, era un grande maestro di vita, presentava il medesimo insegnamento parlando di porta stretta e di via angusta: «Entrate per la porta stretta, perché larga è la porta e spaziosa la via che conduce alla perdizione, e molti sono quelli che vi entrano. Quanto stretta è la porta e angusta la via che conduce alla vita, e pochi sono quelli che la trovano!».[13] L'autentica filosofia è liberazione della mente e del cuore dalle malattie che derivano dall'ignoranza, anzitutto dall'ignoranza più radicale che è quella che riguarda se stessi. L'autentica filosofia, ben più che da dotte pagine di celebrati accademici, è rappresentata da queste semplici parole di Etty Hillesum: «In fondo, il nostro unico dovere morale è quello di dissodare in noi stessi vaste aree di tranquillità, di sempre maggior tranquillità».[14]

È in questa prospettiva che ora presento i tre fondamentali pensieri sbagliati che a mio avviso costituiscono la radice di tutte le malattie mentali e cardiache nel senso sopra specificato, e delle conseguenti trappole (personali, politiche, economiche)

[11] Citato in *ivi*, p. 158, che rimanda a *Epicurea*, 222, anche se il riferimento esatto è il n. 221, vedi *Epicurea. Testi di Epicuro e testimonianze epicuree nella raccolta di Hermann Usener*, tr. di Ilaria Ramelli, Bompiani, Milano 2002, p. 383. Buona parte dei detti dei Sette sapienti, mitici fondatori della filosofia, ha un orientamento etico e una finalità terapeutica.

[12] Tra le esortazioni di Pitagora ai discepoli Porfirio riporta la seguente: «Non si cammini per la via principale», spiegando che con questo precetto Pitagora «prescriveva di seguire non l'opinione dei più, bensì quella dei pochi provvisti di cultura», in Porfirio, *Vita di Pitagora*, 42, ed. it. in Pitagora, *Le opere e le testimonianze*, a cura di Maurizio Giangiulio, Mondadori, Milano 2000, vol. II, p. 281.

[13] *Matteo* 7,13-14.

[14] Etty Hillesum, *Diario 1941-1943*, ed. integrale a cura di Jan G. Gaarlandt, tr. di Chiara Passanti e Tina Montone, Adelphi, Milano 2012, p. 778.

che ne derivano e in cui siamo precipitati, e del fondo abissale di tristezza che avvinghia le nostre interiorità al di là della fatua mascherata di sorrisi e di ottimismi di facciata.

36. Il primo pensiero sbagliato

Il primo pensiero sbagliato, fondamento di tutti gli altri pensieri sbagliati, consiste nel concepire tutto a partire da sé e in funzione di sé. Si tratta di un egocentrismo psicologico del tutto analogo nella sua impostazione di fondo a quanto rappresentava il geocentrismo a livello astronomico: una primitiva e sbagliata visione del mondo.

Tale valutazione di ogni evento e di ogni persona a partire da sé (quando è in gioco la dimensione cognitiva) e in funzione di sé (quando è in gioco la dimensione volitiva) deriva da un'immatura impostazione psicologica e spirituale che fa di se stessi il centro di gravità permanente attorno a cui tutto deve ruotare. È l'esito scontato dell'istintuale postura della mente, analoga, come ho detto, al sistema astronomico geocentrico tolemaico che rappresentava la Terra al centro dell'universo con il Sole che le girava attorno. Tutti noi infatti siamo d'istinto psicologicamente e spiritualmente tolemaici. O tolemaici orgogliosi, se viviamo ogni incontro come una conquista; o tolemaici impauriti, se viviamo ogni incontro come una minaccia; o tolemaici di altre possibili connotazioni, ma comunque sempre istintivamente *tolemaici*, cioè egocentrici e autoriferiti. Il che significa che noi in prima istanza siamo sostanzialmente ignoranti, nel senso di incapaci di vedere le situazioni reali per quello che sono in se stesse. Il che significa che noi il più delle volte sbagliamo.

Sono convinto che questo primo pensiero sbagliato valga per gli esseri umani di ogni epoca e luogo, ma a mio avviso esso non è stato mai così trionfante e devastante come lo è oggi per noi, occidentali postmoderni ormai privi di assoluto. Da istintuale e primitiva filosofia di vita che si abbinava all'altrettanto istintuale e primitiva astronomia, oggi il primo pensiero sbagliato si è evoluto in una potentissima ideologia mercantile che pervade ogni cosa e che conduce ogni individuo a pensare e ad agire facendo di sé il termine di ogni azione, nel senso che ogni cosa deve essere finalizzata a se stessi e terminare a se stessi. Questa è la specificità psicologico-spirituale del nostro tempo, il cui primo comandamento si può formulare così: *Non avrai altro Dio all'infuori dell'Io.*

Come ho sostenuto in precedenza, la specificità intrappolante di questa nostra epoca postmoderna consiste nel fatto che essa è definita non più dalle tre idee fondamentali di Dio-Uomo-Mondo che fin dai primordi hanno strutturato il cammino della civiltà, ma solo da due, Uomo-Mondo; anzi, temo ormai solo da una, Uomo, perché altrimenti non saremmo alle prese con la devastante crisi ecologica in cui siamo precipitati. Gli esseri umani dei nostri giorni conoscono solo l'idea-guida Uomo. Purtroppo però la conoscono non nel senso umanistico di ritenere l'umanità l'ideale più importante a cui nulla anteporre, secondo quanto Kant esprimeva con il suo *imperativo categorico*: «Agisci in modo da trattare l'umanità, sia nella tua persona sia in quella di ogni altro, sempre anche come fine e mai semplicemente come mezzo».[15] No, l'idea di Uomo che ai nostri giorni governa le menti ha piuttosto il senso banalmente egoistico di non ritenere nulla più importante del proprio singolo Io, secondo quanto Max Stirner esplicitava così: «La mia causa non è né il divino né l'umano, non è ciò che è vero, buono, giusto, libero, ecc.»; per concludere: «Non c'è nulla che mi importi più di me stesso!».[16] La riprova di questa metamorfosi al ribasso è il fatto che l'importanza che un tempo avevano le chiese ora è stata assunta dai templi dell'Io quali outlet, ristoranti, centri estetici, e che la reverente devozione con cui un tempo si ascoltavano i preti ora viene assegnata agli chef, agli stilisti, agli estetisti e a tutti gli altri sacerdoti del Dio Io.

Questo però produce una pericolosa metamorfosi dell'Io, che, da soggetto, viene ridotto a complemento di termine. La nuova religione dell'Io infatti non vuole che l'Io sia un vero soggetto perché esserlo è troppo impegnativo, dato che si può es-

[15] Immanuel Kant, *Fondazione della metafisica dei costumi* [1785], BA 67, ed. it. a cura di Pietro Chiodi, Tea, Milano 1997, p. 48.

[16] Max Stirner, *L'Unico e la sua proprietà* [1844], tr. di Leonardo Amoroso, Adelphi, Milano 1986^{2}, p. 13.

sere veramente un soggetto solo se si è *soggetti* a qualcosa più importante di sé. Come indica lo stesso termine, il soggetto è tale solo se è *soggetto* nel senso che *sottostà*, e in questo suo sotto-stare si *assoggetta* a delle regole che guidano le sue parole e governano le sue decisioni, e così lo rendono coerente e affidabile. Solo a questa condizione un essere umano merita di essere considerato un soggetto, altrimenti è solo un oggetto: ora un cliente, ora un esercente, ora un compratore, ora un venditore, sempre un portafoglio da riempire e da svuotare.

Essere veramente un soggetto richiede lavoro, di conseguenza fatica, il che è insostenibile per la nuova religione dell'Io che non conosce nulla di superiore a cui l'Io debba sottostare e quindi preferisce di gran lunga l'anarchia dei capricci e i divertimenti senza legami e per questo riduce l'Io a pensare gli altri come oggetti e a pensare se stesso come complemento di termine. Ne viene che da un Io quale soggetto responsabile si perviene a un «a Me» quale termine verso cui tutto deve confluire: una specie di vorace buco nero verso cui affluiscono merci, persone e meraviglie di ogni tipo. Ovviamente non tutti se lo possono permettere, tutti però lo sognano. Il risultato? Quello lucidamente osservato da Herbert Marcuse all'inizio di questo processo: «L'uomo a una dimensione», logica conseguenza di un sistema da lui definito «ideologia della società industriale avanzata».[17] L'esito del primo pensiero sbagliato, consistente nel concepire tutto a partire da sé e in funzione di sé, è l'appiattimento.

37. Il primo pensiero giusto

Il primo pensiero giusto, fondamento di tutti gli altri pensieri giusti, consiste nel concepire tutto a partire da (dimensione cognitiva della mente) e in funzione di (dimensione volitiva della mente) *qualcosa più importante di sé.* Il primo pensiero giusto è *vivere* per qualcosa più importante di sé. Esso nasce quando, dal guardare e concepire il mondo secondo una psicologia e una

[17] Herbert Marcuse, *L'uomo a una dimensione. L'ideologia della società industriale avanzata* [1964], tr. di Luciano Gallino e Tilde Giani Gallino, Einaudi, Torino 1967.

spiritualità immature, analoghe al primitivo sistema astronomico tolemaico, si passa a una psicologia e una spiritualità evolute, analoghe al più raffinato e più veritiero sistema astronomico copernicano. Il primo pensiero giusto sorge quando nella mente e nel cuore di un essere umano avviene il passaggio dal geocentrismo all'eliocentrismo: quando dal fare istintivamente di se stessi la stella si comprende di essere in realtà un pianeta, e così, dal considerare tutto sulla base del proprio ristretto interesse, si passa a una dilatazione della mente e del cuore che fa comprendere l'esatta proporzione delle cose.

Uno apre gli occhi, inizia a guardare il mondo non più in funzione di sé con sguardo ricurvo e uncinato, ma con sguardo diritto per quello che esso è, poi si mette a pensare e dice a se stesso: la natura è più importante di me, la cultura è più importante di me, la giustizia è più importante di me, ci sono mille cose più importanti di me. Chi sente questa attrazione della verità e acconsente al suo richiamo esce dalla caverna dell'Io e perviene alla luce della realtà: il suo sguardo, come ho detto, si raddrizza, e dall'essere ricurvo a forma di uncino, espressione della natura vorace e predatoria della sua precedente immaturità tolemaica, inizia a essere diritto, espressione della rettitudine copernicana che ora lo abita. Il che lo conduce a vivere in modo da fare di sé non un immaturo e vorace complemento di termine, ma un maturo e libero soggetto, responsabilmente legato a un codice di valori che lo rende degno di servire la realtà.

Ha scritto Giacomo Leopardi: «Come i piaceri non dilettano se non hanno un fine fuori di essi, così neanche la vita, per piena che sia di piaceri, se non ha un fine in totale. Bisogna proporre un fine alla propria vita per viver felice. O gloria letteraria, o fortune, o dignità, una carriera in somma. Io non ho potuto mai concepire che cosa possano godere, come possano viver quegli scioperati e spensierati che (anche maturi o vecchi) passano di godimento in godimento, di trastullo in trastullo, senza aversi mai posto uno scopo a cui mirare abitualmente, senza aver mai detto, fissato, tra sé medesimi: a che mi servirà la mia vita?».[18]

[18] Giacomo Leopardi, *Zibaldone*, 4518, annotazione del 31 maggio 1829, in Id., *Opere*, a cura di Giovanni Getto, Mursia, Milano 1973^{6}, p. 849.

La mia vita deve mirare a qualcosa più importante di me. Questo *qualcosa più importante* ognuno lo può nominare come vuole, o forse meglio, come riesce. Nominarlo, del resto, non è poi così essenziale; anzi, bisognerebbe ricordarsi sempre del comandamento biblico: «Non pronunciare il nome del Signore Dio tuo invano».[19] E se ho introdotto il concetto *Dio* è perché esso sorse nella mente umana fin dai primordi per esprimere l'esperienza di trovarsi al cospetto e al servizio di qualcosa più importante di sé. Quello che davvero conta nell'esperienza religiosa rettamente intesa è infatti la dedizione del proprio Io rispetto a una realtà più grande; è vivere pensandosi minori rispetto a qualcosa di maggiore; è vivere in funzione di qualcosa di più prezioso del proprio interesse immediato; è superare il ristretto egoismo dedicandosi a un ideale più nobile. Una delle più belle definizioni di religione che io conosco è la seguente, opera del matematico e filosofo inglese Alfred North Whitehead: «Religione è ciò che l'individuo fa della propria solitudine».[20] Solitudine è un altro nome per lo *spazio vuoto*, e in questo senso essere religiosi, ben lungi dal professare dottrine dogmatiche stabilite anticamente da altri e dal partecipare a riti allo stesso modo stabiliti e celebrati da altri, significa vivere la propria solitudine o spazio vuoto come sentimento di essere alla presenza di qualcosa o qualcuno più importante di sé.

Quando i greci e i latini (cioè i padri della nostra civiltà, i nostri padri) presero a parlare per esempio di Artemide fu per rispettare e celebrare la superiorità della Natura; quando parlarono di Apollo fu per rispettare e celebrare la superiorità della Cultura, e così di seguito per ogni figura divina della religione classica. Oggi si può vivere questa esperienza di trascendimento di sé ancora in termini religiosi, così che il trascendimento etico diviene apertura verso la trascendenza ontologica; oppure non più, e ritrascrivere il trascendimento di sé in termini laici come dedizione alla società, al bene comune, alla natura, alla scienza,

[19] *Esodo* 20,7, traduzione da *Bibbia ebraica*, a cura di Rav Dario Disegni, Giuntina, Firenze 2010^3, p. 124.

[20] Alfred North Whitehead, *Religion in the Making* [1926], The World Publishing Company, Cleveland-New York 1966^6, p. 16.

all'arte o ad altri ideali. Ovviamente si possono anche conciliare i due movimenti, facendo del servizio divino un servizio dell'uomo e del mondo, come per primo fece il cristianesimo, la religione dell'amore di Dio e dell'amore del prossimo. Ma quello che davvero conta è giungere a osservare con sguardo diritto le cose e le persone vedendole per quello che sono e dismettendo lo sguardo ricurvo di chi vive secondo la logica del complemento di termine per far terminare tutto a sé.

Quando si percepisce tale attrazione verso una realtà più importante di sé e la si lascia agire, quando la nostra energia interiore si raddrizza e dalla forma uncinata del complemento di termine passa alla forma retta del nominativo, la nostra essenza si trasforma. Come insegna Spinoza, essa da *cupiditas* diviene *amor*. Più precisamente, *amor erga Deum*,[21] laddove il concetto di Dio esprime una realtà teoreticamente e praticamente più importante del soggetto che la esperisce. Il che significa che il desiderio (che è il motore della vita e senza il quale non si può vivere) permane, ma cambia direzione: dal dirigersi verso di sé in quanto *cupiditas*, si dirige verso la realtà in quanto *amor*. Questo è il primo decisivo passo per allentare la trappola.

In altri termini: si esce dalla trappola trovando qualcosa da amare. E si *ama* quando si considera qualcosa o qualcuno più importante di sé, perché la condizione imprescindibile, *sine qua non*, dell'amore è la passività, la subordinazione, il servizio; esattamente il contrario della volontà di potenza. Noi siamo istintivamente volontà di potenza o *cupiditas*, ma, rimanendo tali, siamo in trappola; usciamo dalla trappola solo se la nostra volontà di potenza si trasforma in volontà di relazione. Solo se la *cupiditas* diviene *amor*.

Il che, poi, non è così difficile: dobbiamo semplicemente riprodurre a livello consapevole il lavoro inconsapevole delle nostre cellule. Esse all'inizio sono totipotenti, ma poi, maturando, perdono tale totipotenza per specializzarsi sempre più e così contribuire a formare l'organismo. Dall'essere cellule staminali

[21] «Questo Amore verso Dio [*erga Deum Amor*] deve occupare la Mente in sommo grado», in Baruch Spinoza, *Etica*, parte III, Definizione degli affetti, I [1677, postuma], tr. di Gaetano Durante, Bompiani, Firenze-Milano 2017, p. 607.

che possono essere tutto passano a essere cellule capaci di fare solo una cosa e divengono ora cellule del sangue, ora della pelle, ora delle ossa, ora del sistema nervoso eccetera: in questo modo esse perdono in volontà di potenza e guadagnano in volontà di relazione, ma è solo così che vivono e fanno vivere. Non esiste infatti la vita in astratto, esiste solo la vita concretamente determinata in questa o in quest'altra forma, e dato che, come insegna un assioma della logica, *omnis determinatio est negatio*, «ogni determinazione è una negazione»,[22] dire un sì determinato comporta da subito anche un no; anzi, mille no. Il che significa che la logica della vita e della salute consiste nel cedere volontà di potenza e nell'acquisire volontà di relazione.

Le cellule, da totipotenti, divengono specifiche; questo procedimento che implica specializzazione e che manifesta dedizione è la logica della vita cellulare e anche della vita umana nel suo insieme. E questo è anche il contenuto del primo pensiero giusto: vivere secondo la logica dell'armonia relazionale in funzione di qualcosa più importante di sé.

38. Approfondimenti sul primo pensiero giusto

a)

Come scoprire qual è la cosa più importante di sé che è giusto seguire e in cui far terminare le proprie azioni? Io penso che la si possa scoprire alla luce di questo criterio: essa sarà quella che rispecchierà maggiormente la logica relazionale e sinergica che ha reso possibile il nostro esserci. Il senso della vita consiste nel dedicarsi a qualche cosa più grande di noi, che però, rispetto a

[22] Così Hegel: «La determinazione è la negazione posta come affermativa; è la proposizione di Spinoza: *Omnis determinatio est negatio*. Questa proposizione è di una importanza infinita», da Georg W.F. Hegel, *Scienza della logica* [1812], libro I, sez. I, cap. II, A, tr. di Arturo Moni, revisione di Claudio Cesa, Laterza, Roma-Bari 1994[4], vol. I, p. 108. Per Spinoza il riferimento è alla Lettera 50 indirizzata a Jarig Jelles del 2 giugno 1674, in cui si legge: «Poiché dunque la figura non è altro che la determinazione, e la determinazione è una negazione [*determinatio negatio est*], la figura non potrà essere altro, come ho detto, che una negazione», da Baruch Spinoza, *Tutte le opere*, a cura di Andrea Sangiacomo, Bompiani, Milano 2011[2], p. 2077.

noi, non è estranea, meno che mai *totalmente altra*, ma è la medesima sorgente da cui anche noi proveniamo. Assoggettandosi a essa, ognuno di noi diviene veramente un soggetto.

Noi proveniamo da una logica di relazione armoniosa, la medesima che ancora adesso aggrega le particelle dei nostri atomi, gli atomi delle nostre molecole, le molecole delle nostre cellule e così via fino all'insieme dell'organismo. La cosa *più importante di me* che merita la mia dedizione sarà quindi quella che più fedelmente riproduce e favorisce tale logica di armonia relazionale da cui provengo, che mi mantiene in vita e che, con una parola sola, si può chiamare *bene*. Anzi, il Bene, da Platone identificato con il Dio, l'assoluto.

b)

Ha scritto Thich Nhat Hanh (1926-2022), monaco buddhista vietnamita, tra i più grandi maestri spirituali del nostro tempo: «Per esperire pienamente questa vita come esseri umani tutti noi abbiamo bisogno di entrare in comunione con il nostro desiderio e realizzare qualcosa di più ampio del nostro sé individuale».[23] Questo qualcosa *di più ampio del nostro sé individuale* è sempre stato avvertito dagli esseri umani e nominato per lo più mediante la categoria di *divino*. Il divino è ciò che è più importante di noi e che insieme però ci compie, e dico ci *compie* perché, a mio avviso, noi non siamo già compiuti.

Si può rappresentare il viaggio della vita mediante tre figure: il cerchio, la retta, la spirale. Di esse io preferisco la terza. Ritengo infatti che noi non siamo fatti per riprodurre la figura del cerchio che sempre gira su se stesso secondo il concetto dell'«eterno ritorno dell'uguale»,[24] il quale, esistenzialmente parlando, si chiama *narcisismo*, ovvero la riproduzione del primo pensiero sbagliato che riporta tutto a sé. Neppure però siamo fatti per l'estremo opposto, per l'alienazione espressa dalla figura di una retta che, uscendo da noi a mo' di freccia, si di-

[23] Thich Nhat Hanh, *Il dono del silenzio* [2015], tr. di Sara Caraffini, Garzanti, Milano 2015, p. 34.

[24] Friedrich Nietzsche, *La gaia scienza* [1882], IV, n. 341, tr. di Ferruccio Masini, Adelphi, Milano 1989^6, pp. 201-202.

mentichi di noi per tendere all'infinito chissà dove là in alto. Noi, in altri termini, non siamo fatti né per essere servi del proprio Io, né per essere servi di un Dio lontano e totalmente altro.

Siamo fatti piuttosto per riprodurre la figura della spirale, la quale esprime figurativamente la tensione che esce da noi alla ricerca di un compimento e che al contempo però torna su di noi e ci nutre. Noi non dobbiamo né vivere per noi stessi, né rinnegare noi stessi in funzione di croci imposte da altri, fosse pure la croce di Cristo: dobbiamo piuttosto vivere per qualcosa più importante di noi seguendo il nostro desiderio più profondo di dare e ricevere amore al fine di *essere* amore, secondo la logica della natura relazionale dell'essere.

c)

In questa prospettiva la condizione per uscire dalla trappola è la riscoperta di una realtà esterna all'Io che rompa il cerchio autoreferenziale dell'Io; è cioè la rinascita di Dio. O meglio, di *un* Dio. Solo se rinasce un Dio, infatti, l'Io contemporaneo potrà cessare di essere un Io-Super che divora il pianeta, gli altri viventi, i suoi simili, e alla fine anche se stesso.

Si tratta, in altri termini, di cambiare mentalità, di vivere per qualcosa più importante di noi che ci liberi dalla trappola dell'Io senza farci ricadere nella trappola alienante del vecchio Dio, di quella figura che in un mio libro precedente ho denominato *Deus*.[25] Il che potrà avvenire se nella nostra vita di tutti i giorni porremo qualcosa che *obiettivamente* è più importante di noi come *esistenzialmente* più importante di noi. È la conversione del desiderio.

Tale conversione è una necessità anzitutto ermeneutica, per giungere a leggere veramente la realtà per quello che è. La gran parte degli esseri umani infatti non legge la realtà per quello che è, e non lo fa perché è in balìa del proprio desiderio che con la sua forza di gravità deforma la visione del reale, così che l'irreale, altresì denominato fiction, che alletta il desiderio, diviene molto più importante del reale. Si spiega così la difficoltà crescente di molti a prendere atto della realtà, si manifesti essa come pande-

[25] Cfr. *Dio e il suo destino*, Garzanti, Milano 2015.

mia, o come cambiamento climatico, o persino come dati astronomici, vista la comparsa di alcuni cosiddetti terrapiattisti.

d)

Avendo parlato di rinascita di un Dio, ritengo ora necessario un chiarimento di tale concetto. Più precisamente, un duplice chiarimento a livello formale e a livello contenutistico.

A livello formale, io definisco Dio come *idea*. Che altro potrebbe essere infatti Dio, per noi, qui e ora, se non una idea? Che cosa Dio sia in sé, infatti, nessuno lo può dire. Forse è un ente che esiste da qualche parte; forse è l'Essere che è dovunque. Forse è un nulla perché non esiste, forse è il Nulla perché il Nulla è il destino del Tutto. Forse è un'intelligenza perché esiste come persona; forse è l'Intelligenza perché è l'informazione complessiva del Tutto. Forse è un'energia, forse è l'Energia. Forse è una persona, forse è un'armonia sovrapersonale di tre persone. Forse è qualcosa di diverso e di superiore a tutto ciò, di cui il Buddha parlò mediante il concetto di Nirvana che è l'estinzione di tutti i concetti. Noi non lo sapremo mai. Non sapremo mai l'identità del sommo mistero che è la sorgente e il porto della nostra esistenza individuale, che forse è una congerie casuale di forze anonime, forse un'armonia prestabilita di un'intelligenza superiore. Quello che è sicuro è che, per noi, Dio è certamente una idea. Accettata da alcuni, respinta da altri, ma per tutti, inequivocabilmente, una *idea*.

Cosa esprime questa idea dal punto di vista contenutistico? Esprime un duplice contenuto, teoretico ed esistenziale. Teoreticamente esprime l'assoluto, vale a dire il concetto-vertice raffigurato in vari modi lungo la storia del pensiero umano: come senso complessivo, come origine prima, come destino ultimo, come punto fermo in base a cui raccordare tutti gli altri punti in movimento, come «vita dell'intero», per riprendere una celebre definizione di Hegel.[26]

Esistenzialmente (e sentimentalmente) l'idea di Dio esprime l'armonia tra dipendenza e appartenenza, tra totalmente altro e

[26] Georg W.F. Hegel, *Fenomenologia dello spirito* [1807], Prefazione, tr. di Enrico De Negri, La Nuova Italia, Firenze 1992^{10}, vol. I, p. 2.

totalmente identico, tra lontananza e vicinanza. Farne esperienza significa sperimentare il *mysterium fascinans* e al contempo il *mysterium tremendum*, cioè una misteriosità che affascina e che insieme impaurisce, come ne parlò Rudolf Otto nel suo saggio capitale sul sacro.[27] Ogni esperienza del divino veicola questa doppia e antinomica esperienza: sottomissione e liberazione, solitudine e comunione, timore e sicurezza, soggezione e intimità, obbedienza e libertà. Dio è un'idea che veicola un'esperienza nella quale uno obbedisce, ma lo fa con gioia; nella quale compie qualcosa che egli non decide, ma mediante cui compie se stesso. Si tratta di quel mistero di dipendenza e insieme di liberazione che è l'amore. Farne esperienza è celebrare la *domenica della vita*, per riprendere un'altra espressione di Hegel: «I popoli in generale, come i singoli, hanno sempre considerato questa occupazione, la coscienza religiosa, questo sapere e sentire Dio, come una loro più alta forma di vita, il loro vero fine e la loro vera dignità: come la domenica della loro vita».[28]

Per salvarci e non farci inghiottire dal nichilismo occorre tornare ad avere un'esperienza del divino, a prescindere poi dal tipo di divinità (le quali sono molteplici, come attesta la sapienza dei popoli e anche san Paolo: «Ci sono molti dèi e molti signori»).[29] L'esperienza del divino, creando orientamento verso l'alto, produce anche unione a livello orizzontale, come dimostra il fatto che la dimensione comunitaria è costitutiva di ogni esperienza religiosa. Se la morte di Dio ha comportato la morte della comunità, un'eventuale rinascita di Dio, se mai accadrà, comporterà anche la rinascita della comunità.

e)

Ieri Dio era concepito come Signore onnipotente e spesso esperito come opprimente Super-Io da cui procedeva un'etica eteronoma. *Oggi* il nuovo Dio è l'Io, che spadroneggia e distrug-

[27] Cfr. Rudolf Otto, *Il sacro. L'irrazionale nell'idea del divino e la sua relazione al razionale* [1917], ed. it. a cura di Ernesto Buonaiuti, Feltrinelli, Milano 1989³.

[28] Georg W.F. Hegel, *Lezioni sulla filosofia della religione*, Premessa [1821], ed. it. a cura di Elisa Oberti e Gaetano Borruso, Laterza, Roma-Bari 1983, vol. I, p. 4.

[29] *1Corinzi* 8,5.

ge l'etica perché conosce solo la piatta religione del successo e del profitto. *Domani* la rinascita, se mai ci sarà, sorgerà se ci convinceremo che *dentro* di noi c'è qualcosa più importante di noi: un'esperienza che si può definire *Ultra-Io*.

Dal Super-Io opprimente siamo passati all'Io-Super altrettanto opprimente: si potrà uscire da questa trappola solo scoprendo un Ultra-Io liberatore.

Questo Ultra è veicolato dalla coscienza morale. Esso attesta la nostra originaria luminosità, la nostra originaria nobiltà interiore. Il vero Dio non è sopra di noi, se non nel senso dell'aggettivo latino *altus*, che significa al contempo sia «alto» sia «profondo». È l'esperienza vissuta e testimoniata da sant'Agostino: «*Sed melius quod interius*»; tradotto con: «Ma più prezioso ancora è ciò che ho dentro».[30]

f)

Questa concezione della presenza del divino nella profondità umana non è esclusivamente cristiana perché ben prima del cristianesimo o indipendentemente da esso l'umanità giunse a fare esperienza della dimensione spirituale presente al proprio interno. Eccone alcune preziose testimonianze:

- la tradizione hindu insegna la coincidenza di *Atman* e di *Brahman*, del principio personale e del principio divino: «In verità è identico a Brahman questo Atman»;[31]
- il buddhismo insegna la coincidenza di *isola del sé* e di *Dharma*, secondo le ultime parole del Buddha: «Siate un'isola per voi stessi, prendete rifugio in voi stessi e non in altro! Che la vostra isola sia il Dharma, che il vostro rifugio sia il Dharma e non altro!»;[32]

[30] Agostino, *Confessioni*, X,6,9, ed. it. a cura di Marta Cristiani, Manlio Simonetti e Aimé Solignac, tr. di Gioacchino Chiarini, Fondazione Valla-Mondadori, Milano 1996, vol. IV, pp. 18-19.

[31] *Bṛhadāraṇyaka Upaniṣad* (*Upaniṣad della grande foresta*), IV,4,5, ed. it. *Upaniṣad vediche*, a cura di Carlo Della Casa, Tea, Milano 2000, p. 77.

[32] *Il grande discorso del nirvana definitivo* (*Maha-parinirvana-sutta*), II,33, a cura di Claudio Cicuzza, in *La rivelazione del Buddha*, vol. I, *I testi antichi*, a cura di Raniero Gnoli, Mondadori, Milano 2001, p. 1141.

– il taoismo attesta la presenza di un *cuore dentro il cuore*: «Dentro il cuore un altro cuore racchiudi, dentro il cuore un altro cuore è presente. Questo cuore dentro il cuore è pensiero che precede le parole»;[33]
– il confucianesimo attesta la presenza del *Tao* nell'interiorità umana: «La Via (Tao) è in voi»;[34]
– Socrate testimonia la manifestazione del divino nell'interiorità umana: «In me si manifesta qualcosa di divino e di demonico [...] è come una voce che mi dissuade, allorché si manifesta, dal fare quello che sono sul punto di fare»;[35]
– Seneca insegna che la divinità abita nell'interiorità umana: «Dio è vicino a te, è con te, è dentro di te»;[36] lo stesso Marco Aurelio: «Il dio che dimora in te»;[37] e per questo consiglia: «Scava dentro di te. Dentro è la fonte del bene, fonte inesauribile se scaverai sempre».[38]
– la mistica ebraica identifica profezia e interiorità, secondo queste parole di Abulafia: «Sappi che il completo segreto della profezia per il profeta consiste in questo, che egli improvvisamente vede innanzi a sé la forma del suo stesso io»;[39]
– la mistica islamica ritiene Dio presente nel cuore umano e assente nelle religioni, secondo queste parole di Rūmī: «Croce e cristiani, da un capo all'altro li ho esaminati. Dio non era sulla croce. Sono andato nel tempio indiano, nel-

[33] *Neiye*, 14,14-17, ed. it., *Neiye. Il Tao dell'armonia interiore*, a cura di Amina Crisma, Garzanti, Milano 2015, p. 137.

[34] *Meng-Tzu*, IV, n. 72, ed. it. a cura di Fausto Tomassini, Tea, Milano 1991, p. 102.

[35] Platone, *Apologia di Socrate*, 31 D, tr. di Giovanni Reale, in Platone, *Tutti gli scritti*, a cura di Giovanni Reale, Rusconi, Milano 1994[4], p. 37. Lo stesso concetto in *Fedro*, 242 C.

[36] Seneca, *Lettere a Lucilio*, IV,41,1, ed. it. a cura di Caterina Barone, Garzanti, Milano 2015[10], vol. I, p. 199.

[37] Marco Aurelio, *Pensieri*, III,5, ed. it. a cura di Maristella Ceva, Mondadori, Milano 1989, p. 47.

[38] *Ivi*, VII,59, p. 159, con traduzione leggermente modificata.

[39] Citato da Gershom Scholem, *Le grandi correnti della mistica ebraica* [1941], tr. di Guido Russo, Einaudi, Torino 1993, p. 152. Alla pagina precedente Scholem esponendo il pensiero di Abulafia aveva scritto: «L'uomo e la Torà divengono una cosa sola».

l'antica pagoda. In nessuno dei due vi erano segni. Sulle alture di Herat sono andato e a Kandahar. Ho guardato, non era sulle vette né sulle pianure. Con risolutezza sono salito sulla cima della montagna di Kaf. Là c'era solo il posto dell'uccello anqa. Sono andato alla Kaaba. Non era là. Ho chiesto del suo stato a Ibn Sina: era oltre i limiti della filosofia di Avicenna. Ho guardato all'interno del mio cuore. Lì ho visto il suo posto. Non era in nessun altro posto».[40]

Ne consegue che per tutte le principali tradizioni spirituali aderire alla legge che si scopre nel profondo di sé equivale a aderire alla legge che forma e mantiene il mondo, cioè a quella dimensione dell'essere a cui ci si riferisce tradizionalmente dicendo *Dio*. Nella nostra epoca una giovane donna olandese di origine ebraica, Etty Hillesum, ha vissuto la medesima esperienza, dandone questo resoconto nel suo diario il 26 agosto 1941: «Dentro di me c'è una sorgente molto profonda. E in quella sorgente c'è Dio».[41]

39. Il secondo pensiero sbagliato

Il secondo pensiero sbagliato consiste nella ricerca dell'acclamazione sociale detta successo e nella dipendenza psichica che essa inevitabilmente produce. Si tratta di una logica conseguenza del primo pensiero sbagliato: se infatti si vive all'insegna di un egocentrismo geocentrico che porta a ritenersi il termine a cui tutto deve terminare, il problema sarà quello di trovare il carburante necessario per questa ambita riconduzione di tutto a sé. E siccome tale carburante è il *successo*, ne consegue che il secondo pensiero sbagliato consiste nella ricerca sistematica dell'acclamazione sociale (oggi chiamata anche *visibilità*).

Tale pensiero è sbagliato perché il successo è sempre conferito da altri e quindi l'averlo di mira comporta la coltivazione

[40] Citato da Giuseppe Morotti, *Il sufismo*, Edizioni La Parola, Roma 2017, pp. 151-152, che a sua volta rimanda ad Alberto Fabio Ambrosio, *Danza coi sufi*, San Paolo, Cinisello Balsamo 2013, p. 71.

[41] Etty Hillesum, *Diario 1941-1943*, ed. integrale a cura di Jan G. Gaarlandt, tr. di Chiara Passanti e Tina Montone, Adelphi, Milano 2012, p. 153.

dell'opinione altrui e conduce a collocare il proprio baricentro fuori di noi entrando in uno stato di dipendenza. Il che rende strutturalmente instabili, perché dipendere significa pendere. Per questo siamo tutti storti, come la torre di Pisa o la Garisenda a Bologna. Pendiamo perché dipendiamo. Dipendiamo psichicamente dall'opinione altrui e quindi siamo tutti, chi più chi meno, *psico-dipendenti*.

Da questa pendenza che è la dipendenza psichica si genera quell'ansia continua che rosica ininterrottamente il cuore e le budella e che produce nella mente le immagini inquietanti della belva feroce, del drago con le fauci spalancate, dei due topi, uno bianco e uno nero. Tali esseri mostruosi di per sé non esistono, ma nella nostra psiche esistono eccome. Sono anzi la presenza più immediata e a nulla serve che gli altri ci ripetano di non vedere nessuna belva feroce e tanto meno un drago che tutti sanno neppure esiste. Non serve a nulla, perché noi sperimentiamo esattamente il contrario: noi, il drago, lo vediamo benissimo.

Intrappolati dalle visioni derivanti dalla dipendenza psichica, alcuni di noi vedono belve, draghi, topi; altri, madonne, santi, angeli; altri, extraterrestri, alieni, ufo; altri, complotti, cospirazioni, nemici; altri, scie chimiche che cospargono sostanze tossiche che ammorbano l'intelligenza; altri, vaccini appositamente fabbricati dopo aver architettato inesistenti pandemie per renderci strutturalmente controllabili e istituire così il nuovo ordine mondiale. Altri ancora chissà che altro. Ma la radice comune di tutte queste distorte visioni è sempre la medesima: la posizione del baricentro esistenziale fuori di noi. Il secondo pensiero sbagliato è ritenere che siano gli altri a costruire la nostra felicità, senza comprendere che invece la partita della vita *non* si gioca fuori di noi.

40. Il secondo pensiero giusto

Se il secondo pensiero sbagliato è avere di mira l'acclamazione sociale detta successo quale carburante per ricondurre tutto a sé, il secondo pensiero giusto consiste semplicemente nel ribaltare la prospettiva: avere di mira non il successo conferito da altri, ma il lavoro su di sé, al fine di relazionarsi autenticamente a quanto è più importante di sé (primo pensiero giusto). Il secondo pensiero giusto lo ottengo quando faccio consistere ciò che realmente desidero non nei traguardi stabiliti dal mondo, neppure nei traguardi stabiliti da me, ma nel traguardo che consiste in me: nel traguardo che sono io. Il secondo pensiero giusto è capire che non devo avere a cuore nulla più di me stesso; nulla più della verità di me stesso che consiste nella pulizia dello spazio vuoto interiore da cui dipende il mio pensiero, quindi la mia direzione e quindi alla fine la mia destinazione. Il secondo pensiero giusto è comprendere che l'obiettivo non è esteriore ma strettamente interiore: consiste nel far dipendere la mia vita *da me*.

L'hanno insegnato molti maestri spirituali, tra i quali Montaigne: «La più grande cosa del mondo è saper essere per sé».[42] Il secondo pensiero giusto è l'indipendenza spirituale. E la rettitudine che ne consegue, perché, senza dipendenza, viene meno anche ogni pendenza.

Il secondo pensiero giusto è capire che la partita della vita si gioca dentro di noi, avendo come obiettivo la nostra interiorità. L'obiettivo è il nostro spazio vuoto, al quale dare forma e sapore. Il dare forma al nostro spazio vuoto si chiama formazione; il fargli ottenere sapore si chiama sapienza. L'unità di forma-formazione e di sapore-sapienza dello spazio vuoto interiore costituisce il criterio della realizzazione di un essere umano e del suo valore complessivo.

Il successo è decretato dagli altri, può arrivare e non arrivare. Se arriva, è logico essere contenti, ma, se non arriva, non è logico essere scontenti. Il successo rende contenti quando arriva perché attesta che abbiamo lavorato bene e che i dolci della nostra pasticceria, gli abiti su misura della nostra sartoria, i piatti della nostra trattoria incontrano il favore dei clienti e incrementano il lavoro. Quando il successo è l'esito del lavoro compiuto va salutato con gioia. Avviene però che si può lavorare con onestà, competenza e creatività e non avere successo. Van Gogh non vendette neppure un quadro durante la sua esistenza, visse

[42] Michel de Montaigne, *Saggi*, libro I, cap. 39 [1580], ed. it. a cura di Fausta Garavini, Adelphi, Milano 1992, vol. I, p. 317.

stentatamente e alla fine si suicidò, ma cosa avrebbe dovuto fare? Dipingere secondo i gusti momentanei del pubblico per avere denaro e successo, e così tradire se stesso e la sua arte? Se l'avesse fatto, ora i suoi quadri non sarebbero i capolavori amati in tutto il mondo ed egli non sarebbe divenuto immortale. Van Gogh non mirava al successo, coltivava la propria autenticità umana e artistica. Lo stesso vale per ogni altro vero artista. Lo stesso deve valere per ogni essere umano. Se produci ottimi dolci e poi li vendi in quantità, devi essere felice e riconoscente; ma se per vendere di più abbassi la qualità dei tuoi dolci, tradisci la tua arte e ultimamente te stesso. E quello che vale per l'arte e per la pasticceria vale a maggior ragione per l'arte suprema che è l'arte di vivere.

L'obiettivo dell'esperimento che stiamo conducendo con la nostra vita non può essere fuori di noi, non possono essere gli applausi, i fasti e i denari del mondo. Il mondo è dominato da forze molto più grandi delle nostre, ben al di là della nostra capacità di influire, così che, salvo rare eccezioni, ogni uomo di grande successo si è in realtà dovuto adattare a quanto il mondo pretende e per questo, poi, ne è stato incoronato. Quello che appare come un trionfo è in realtà, nella gran parte dei casi, un astuto adattamento. La natura premia gli organismi che più si adattano, insegna Darwin, e perché mai la medesima logica non dovrebbe valere anche per la società? Osservava Epicuro: «Una vita libera non può acquisire ingenti ricchezze, perché non è facile che ciò avvenga senza servilismo verso la folla o i potenti».[43]

Il secondo pensiero giusto è comprendere che noi, oltre che animali e oltre che animali sociali, siamo esseri *culturali*, e che tale dimensione culturale richiede un adattamento non verso l'esterno ma verso l'interno, se vogliamo perseguire la nostra vera essenza. La vera posta in gioco, l'unica cosa che realmente conta, è la nostra interiorità, ciò a cui rimanda il concetto classico di *anima*.

[43] Epicuro, *Gnomologio vaticano*, n. 67, ed. it. in *Come essere felici. Lettera a Meneceo, Massime capitali, Gnomologio vaticano, Vita di Epicuro*, a cura di Giacomo Origo, Garzanti, Milano 2014, p. 41.

Commentando nel maggio 1944 un passo del profeta Geremia mentre si trovava nel carcere nazista di Tegel, così scrisse Dietrich Bonhoeffer: «Compito della nostra generazione non sarà ancora "cercare grandi cose", ma salvare e preservare la nostra anima dal caos».[44] Salvare la propria anima dal caos, cioè da quel pozzo oscuro e profondo nel quale siamo precipitati: a quasi un secolo di distanza, per noi che siamo in trappola, il compito è il medesimo. L'anima non si deve uniformare ai gusti del mondo per ottenerne gli applausi e i relativi vantaggi e così fare il pieno del carburante psichico rappresentato dal successo e ricondurre tutto a sé, e ingrassare e morire. Deve invece essere fedele all'unico vero criterio, la giustizia interiore, al fine di essere pulita e leggera, e così vivere per qualcosa più importante di sé e in questo modo salvarsi, cioè non fallire il solo esperimento a disposizione nella vita.

41. Approfondimenti sul secondo pensiero giusto

a)

Per descrivere la realtà primordiale i fisici parlano di *vuoto quantistico*, grandezza che distinguono attentamente dal nulla: «Il vuoto come sistema fisico è, per certi versi, il contrario del nulla».[45] Il nulla è la totale assenza di essere, uno stato definitivamente del tutto privo di energia; il vuoto quantistico, invece, corrisponde a uno stato fisico che, per quanto a energia nulla, è così descritto da un fisico del livello di Guido Tonelli: «Il vuoto è cosa viva, sostanza dinamica e incessantemente mutevole, gonfia di potenzialità, gravida di opposti. Non è il nulla, è al contra-

[44] Dietrich Bonhoeffer, *Resistenza e resa. Lettere e scritti dal carcere* [1942-1944], a cura di Eberhard Bethge, ed. it. a cura di Alberto Gallas, Edizioni Paoline, Cinisello Balsamo 1989², p. 367. Il passo profetico commentato è *Geremia* 45,4-5: «Così dice il Signore: Ecco, io demolisco ciò che ho edificato, e sradico ciò che ho piantato. – E tu vai cercando grandi cose per te? Non le cercare! Perché, vedi, io manderò la sventura su ogni uomo. Ma a te darò la tua anima come bottino, ovunque tu vada». Bonhoeffer poi citava *Proverbi* 4,23: «Con ogni cura vigila sul cuore, perché da esso sgorga la vita».

[45] Guido Tonelli, *Genesi. Il grande racconto delle origini*, Feltrinelli, Milano 2019, p. 46.

rio un sistema traboccante di quantità illimitate di materia e antimateria».[46] Nel vuoto quantistico non vi è niente che possa essere rapportato alla materia, altrimenti non sarebbe chiamato *vuoto*; esso però non è identificabile con il nulla, perché talora vi si producono delle fluttuazioni da cui emergono particelle. E fu da una di queste fluttuazioni del vuoto produttrici di particelle che prese origine il nostro universo, per cui si deve considerare che in esso «tutto, ma proprio tutto, non è altro che una forma di vuoto».[47] Il vuoto quantistico appare quindi come un'entità dinamica, potenzialmente dotata di tutte le particelle che scaturiscono dalle sue fluttuazioni. Per quanto privo di ogni tipo di essere conosciuto, e quindi veramente *vuoto*, tale vuoto è un'entità che produce essere, e che quindi è, a sua volta, energia.

b)

Anche dal vuoto che esiste dentro di noi può scaturire una particella: è la nostra *anima*. Non è detto che essa si generi in tutti; in taluni, forse, non nascerà mai, e il loro vuoto rimarrà solo vuoto, solo risucchio, vortice, gorgo vorace cui corrisponde una bocca che vuole sempre divorare, un pene che vuole sempre penetrare, una vagina che vuole sempre fagocitare, una mente che vuole sempre sedurre e fantasticare: cibo, sesso e intrattenimenti in continuazione per cercare di sfamare il più possibile il risucchio del vuoto interiore.

In altri, però, da una fluttuazione del loro vuoto scaturisce una particella, si accende una scintilla. Nel loro vuoto interiore avviene un salto quantico, e da qui si produce una diversa configurazione del loro essere. È la condizione interiore che la nostra tradizione filosofica e spirituale denomina tramite il concetto di *anima*.

c)

L'anima non è una realtà permanente, può scomparire così come prima era comparsa. L'anima non è una sostanza immu-

[46] *Ivi*, p. 51.
[47] Guido Tonelli, *Materia. La magnifica illusione*, Feltrinelli, Milano 2023, p. 179.

tabile, designa piuttosto una condizione particolare dell'esistenza alla quale è possibile pervenire, uno stato dell'essere a cui si può accedere. È un essere che scaturisce da un modo di essere. Un essere derivante da uno stile.

Tale stato può apparire e poi scomparire, ma può anche permanere e diventare stabile, se si lavora con calma e attenzione sul proprio vuoto interiore. Lo descrive bene questo proverbio buddhista: «Semina un atto, e raccogli un'abitudine; semina un'abitudine, e raccogli un carattere; semina un carattere, e raccogli un destino».[48] Il concetto di anima spirituale è sorto per rendere conto della possibile diversità della nostra vita, del possibile nuovo modo di esistere in seguito ai frutti del lavoro spirituale, della sua semina e della sua raccolta.

Sbagliano coloro che pensano l'anima spirituale come una sostanza infusa da Dio dentro l'essere umano al momento del concepimento, come insegna oggi la dottrina cattolica; oppure infusa al compimento del quarantesimo giorno di vita intrauterina, come insegnava la dottrina cattolica medievale e come professano ancora oggi l'ebraismo e l'islam: sbagliano perché l'anima spirituale non è una sostanza che inizia a esistere a prescindere dal corpo e dalla psiche (anche se è diversa dal corpo e dalla psiche). Sbagliano però allo stesso modo coloro che oggi privano di ogni legittimità il concetto di anima spirituale riducendolo alla realtà della vita corporea e psichica, come se nella lingua ebraica tra *haym*, *nefeš*, *neshamà* e *ruah* non vi fosse nessuna differenza; e come se non ve ne fosse nessuna nella lingua greca tra *bíos*, *psyché*, *zoé* e *noûs*.

In realtà, se l'ebraico e il greco hanno distinto la semplice vita biologica, denominata rispettivamente *haym* e *bíos*, dagli altri livelli di vita, è perché la vita umana conosce vari livelli e l'anima spirituale è il concetto che esprime il livello della vita coincidente con la liberazione dell'Io dalla caverna dell'esistenza: non la liberazione *dall'Io*, come se fosse un nemico e come se si potesse vivere senza; ma la liberazione *dell'Io* dalla trappola dell'egocentrismo tolemaico.

[48] Citato da Richard Gombrich, *Il pensiero del Buddha* [2009], tr. di Roberto Donatoni, Adelphi, Milano 2012, p. 37.

L'Io si libera se e quando trova una realtà più preziosa di sé e le si dedica, perché, lavorando per qualcosa più importante di sé, gli incubi della noia e tutti gli altri veleni fuoriescono da esso fino a sparire. Quando questo avviene, l'esistenza sale di grado, compie una specie di salto quantico, e per questo richiede un termine specifico per essere descritta. La nostra tradizione coniò a questo fine il termine *anima*. A esso viene affiancato il sostantivo *spirituale* per distinguere il livello ontologico degli umani da quello degli animali, i quali pure hanno un'anima, come fa comprendere lo stesso termine *animali*.

d)

Coloro nel cui vuoto interiore si è generata la particella luminosa dell'anima spirituale dovrebbero essere sempre consapevoli di aver ricevuto un dono immenso, il più prezioso, a mio avviso, che un essere umano possa ottenere dalla vita. Coltivare questa consapevolezza significa sapere che quel campo con il tesoro di cui parla una delle più belle parabole evangeliche («Il regno dei cieli è simile a un tesoro nascosto nel campo; un uomo lo trova e lo nasconde; poi va, pieno di gioia, vende tutti i suoi averi e compra quel campo»)[49] è dentro di sé. E che quindi si deve vendere tutto per comprare quel campo.

Sento già l'obiezione: comprare un campo già mio? Sì, perché la particella luminosa dell'anima spirituale paragonata al tesoro nel campo si può spegnere e scomparire nel vuoto quantistico da cui era venuta, e per questo richiede una cura del tutto particolare mettendo in secondo piano ogni altra ambizione. Desidero quel posto? Voglio ottenere quell'incarico? Mi interessa quell'uomo o quella donna? Se per ottenerli devo sporcare o addirittura vendere la mia anima, vi rinuncerò. Questo significa vendere tutto per comprare il campo già mio. Non c'è investimento più importante. Per riprendere uno dei detti più belli di Gesù: «A che serve a un essere umano guadagnare il mondo intero, se poi perde la propria anima? E che cosa un essere umano potrà dare in cambio della propria anima?».[50] A che servono

[49] *Matteo* 13,44.
[50] *Marco* 8,36-37.

potere e ricchezza e i relativi piaceri che ne derivano, se per ottenerli si spegne la particella luminosa che era emersa gratuitamente all'improvviso dal vuoto interiore?

e)

Hannah Arendt, dal cui pensiero promana la luce salvifica della vera filosofia, ha scritto: «La cosa veramente da comprendere è che l'"anima" può essere distrutta anche senza distruggere l'uomo fisico».[51] Oggi in effetti l'anima sta correndo un pericolo mortale.

Per la gran parte degli intellettuali si tratta di un concetto insostenibile, indice di una visione superata del mondo, e il paradosso è che anche tra i teologi e i biblisti sono in molti a pensarla così.[52] Ne viene che non esiste più nessuna educazione e nessuna cura della realtà a cui il concetto di anima rimanda, né per quanto concerne l'educazione scolastica né per quanto concerne quella religiosa. C'è un bisogno immenso di raccoglimento, di coltivazione della dimensione contemplativa della vita, di cura del silenzio esteriore e soprattutto interiore, ma nessuno viene educato a questa dimensione dalle nostre scuole e, salvo eccezioni, dalle nostre chiese.

Eppure, qualcosa vorrà pur dire del fenomeno umano il fatto che non esiste civiltà che non abbia conosciuto e curato il concetto di anima, nominandolo ovviamente ognuna a suo modo. In Cina il taoismo parla di anima distinguendo *hun*, l'anima spirituale che sopravvive, e *po*, l'anima psichica che muore. In India la filosofia hindu parla dell'anima distinguendo *ātman* e *jīva*,

[51] Hannah Arendt, *Le origini del totalitarismo* [1951], tr. di Amerigo Guadagnin, Einaudi, Torino 2009, p. 603.

[52] Il teologo protestante Oscar Cullmann nel 1956 sostenne la tesi, a mio avviso infondata, secondo cui l'immortalità dell'anima non appartiene al Nuovo Testamento, cfr. Oscar Cullmann, *Immortalità dell'anima o risurrezione dei morti? La testimonianza del Nuovo Testamento* [1956], tr. di S. Gallico, Paideia, Brescia 1986^3. Da qui si è passati a sostenere, anche in ambito cattolico, che non vi appartiene neppure la sua esistenza. Una chiara applicazione di tale tesi negazionista è la versione della Bibbia CEI attualmente in uso che traduce quasi sempre il termine greco *psyché* non più con «anima», ma con «vita». Una rara eccezione è *Matteo* 10,28, che presto citerò all'interno del testo, dove in effetti è impossibile tradurre *psyché* con «vita».

e sostenendone la reincarnazione. Gli antichi egizi conoscevano almeno tre tipi di anima, *akh*, *ba*, *ka* (ma c'è chi sostiene che ne professassero cinque) e ritenevano che per ogni uomo al termine della vita fosse prevista la cerimonia giudiziale della *psicostasia*, la pesatura dell'anima. In Grecia la filosofia coniò i concetti di *noûs* e di *psyché*, utilizzati da Pitagora, Empedocle, Anassagora, Eraclito; quest'ultimo nel suo poema sulla natura scriveva: «I confini dell'anima non li potrai mai raggiungere, per quanto tu proceda fino in fondo nel percorrere le sue strade: così profonda è la sua ragione (*logos*)».[53] Con Socrate e con Platone poi il concetto di anima e della sua cura divenne il senso stesso del far filosofia. Nell'ebraismo è presente un triplice concetto di anima attestato dai termini *nefeš*, *ruah*, *neshamà*,[54] e per quanto riguarda Gesù, teologicamente vicino al movimento dei farisei, egli condivideva il loro insegnamento sull'esistenza dell'anima e la sua immortalità, come appare chiaramente da questo suo detto in cui contrappone l'anima al corpo esibendo un concetto di anima in nessun modo riconducibile alla vita fisica: «Non abbiate paura di quelli che uccidono il corpo, ma non hanno potere di uccidere l'anima; abbiate piuttosto paura di colui che ha il potere di mandare in rovina nella Geènna e l'anima e il corpo».[55] Il concetto di anima accompagna da sempre la ricerca spirituale dell'umanità.

Ma perché le grandi tradizioni spirituali dell'umanità, sia religiose sia filosofiche, sentirono l'esigenza di parlare di anima? Fu per sottolineare la peculiarità umana. Noi umani per molti aspetti siamo un pezzo di mondo materiale, identici a ogni altra manifestazione della materia; per altri aspetti però no, siamo diversi. E fu per esprimere questa differenza che la mente coniò il concetto di anima. La medesima funzione rivestono altri concetti analoghi, tra cui spirito, coscienza, libertà.

[53] Il detto di Eraclito in Diels-Kranz 22 B 45, ed. it. in *I Presocratici. Prima traduzione integrale con testi originali a fronte delle testimonianze e dei frammenti nella raccolta di Hermann Diels e Walther Kranz*, a cura di Giovanni Reale, Bompiani, Milano 2017^2, p. 351.

[54] Adin Steinsaltz, *L'anima* [2015], tr. di Anna Linda Callow e Cosimo Nicolini Coen, Giuntina, Firenze 2018.

[55] *Matteo* 10,28, traduzione mia.

Il punto è che oggi dentro di noi sta agonizzando la nostra differenza specifica di esseri umani. La nostra interiorità (la si chiami anima o in altri modi poco importa, ciò che importa è che la si consideri la nostra più preziosa ricchezza e la si protegga) corre il pericolo in questi tempi di essere distrutta, come avvertiva Hannah Arendt. Oggi noi possiamo dire *hackerata*. Forse lo è già. Forse noi siamo già in parte hackerati e i pensieri che esprimiamo a parole non sono più nostri, ma di qualcun altro introdottosi dentro la nostra mente tramite la TV, i social e altre sirene. Quando parliamo, chi parla dentro di noi? Quando abbiamo sentimenti, chi sente dentro di noi?

Quello che è sicuro, comunque, è che, non credendo all'anima spirituale e alla sua capacità di guida (a ciò che Marco Aurelio chiamava *tò ēgemonikón* e Cicerone traducendolo in latino *principatum*), si soffre di sfiducia in se stessi. Ovvero della malattia peculiare di noi postmoderni e postumani. È anche alla luce di questo che appare l'importanza del secondo pensiero giusto in quanto fiducia in se stessi e nella capacità di lavorare su di sé.

42. Il terzo pensiero sbagliato

Il terzo pensiero sbagliato consiste nel voler riempire il vuoto interiore. Procede, come il secondo, direttamente dal primo e, rispetto al secondo, viaggia parallelamente.

Il primo pensiero sbagliato produce la riduzione dell'Io da soggetto a complemento di termine come riduttivo «a Me». Su questa base, mentre il secondo pensiero sbagliato lavora esteriormente alla ricerca del carburante psichico del successo per ricondurre tutto a sé, il terzo pensiero sbagliato riproduce questo stesso movimento a livello interiore cercando ininterrottamente di riempire il vuoto in cui consiste la nostra più intima essenza.

Tale atteggiamento si spiega da sé perché il vuoto interiore, laddove è privo di educazione e viene lasciato alla sua natura originaria, è una specie di motore che genera una spinta verso l'interno tendente a riportare tutto a sé. Lo si può raffigurare anche come un vortice che produce un continuo risucchio, una cavità che talora si espande divenendo una voragine da cui promana una tensione ininterrotta. Ho già ricordato Pascal e la sua osservazione sulla provenienza dell'infelicità umana dall'incapacità di rimanere tranquilli nella propria camera a causa della natura insaziabile della cupidigia, e a questo proposito sono celebri le parole della regina malvagia rivolte allo specchio fatato per ottenerne l'oracolo: «Specchio, specchio delle mie brame, chi è la più bella del reame?». Il problema sono esattamente le *brame*, le quali procedono dal vuoto interiore e generano *bramosia*, gli inquieti e inquietanti desideri pulsionali che ci agitano come canne al vento, che talora non ci fanno dormire, che suscitano avidità, che ci portano ad arraffare con le mani e prima ancora con gli occhi, e che, quanto al loro contenuto, sono abbastanza prevedibili poiché indirizzati pressoché sempre alla seguente consacrata triade: ricchezza, piacere, potere (con l'ordine gerarchico che varia da persona a persona).

Ma cosa avviene a chi è in balìa delle brame? Avviene che ottiene un oggetto o una carica o una persona ed è contento, ma, poco dopo, vede un altro oggetto, un'altra carica, un'altra persona e non è più contento di quello che ha ottenuto e si sente assalire da un'inquietudine incontinente che lo trascina a fargli desiderare le novità che non ha. Ottenutele anche questa volta (comprate le scarpe di moda, avuta l'ennesima nuova relazione, acquisita una quota maggiore di visibilità), ecco comparire poco dopo altre novità che scalzano le precedenti e fanno nuovamente divampare la fiamma incontinente e consumante del desiderio. Si può passare tutta la vita così: mai *accontentati*, mai realmente *contenti*. E tutto ciò deriva dall'ignorare che il modo peggiore di trattare il vuoto interiore è tendere a riempirlo ininterrottamente di cose ed eventi, senza sapere che il vuoto continuamente riempito si trasforma in un enorme inceneritore di rifiuti solidi urbani, che più brucia, più deve ulteriormente bruciare.

Anche verso la cultura nelle sue varie manifestazioni si può avere un atteggiamento bramoso come quello descritto: impossibile non leggere il romanzo di cui tutti parlano, impossibile non vedere il film di cui tutti discutono, impossibile non essere alla prima della stagione teatrale, impossibile non visitare la mostra che sarà l'evento dell'anno; impossibile non sapere, non conoscere, non essere informati, non vedere e soprattutto non essere visti. E la cultura in questo modo, invece di essere il cibo necessario del vuoto interiore per mantenerlo vigile e terso, si trasforma a sua volta in una quantità eccessiva di calorie che riempie l'Io e inevitabilmente lo ingrassa. Non ingrassano infatti solo i corpi, ingrassano anche le anime.

43. Il terzo pensiero giusto

Il terzo pensiero giusto consiste nel non voler riempire il vuoto interiore ma nel volerlo custodire come tale, lasciandolo sussistere come vuoto. Si tratta di un compito non facile, che richiede un lavoro attento e costante, ma è da esso che deriva la nostra capacità di ascolto, la profondità delle nostre parole, la rettitudine del nostro sguardo; in una parola sola, la nostra qualità di esseri umani.

Il terzo pensiero giusto consiste nel lavoro interiore, il cui obiettivo è mantenere *vuoto* il nostro vuoto. Si tratta di imparare a non riempirlo con chiacchiere e vanità di ogni genere. Si tratta soprattutto di imparare a non lasciarsi continuamente *intrattenere* dalla potentissima e abilissima industria dell'*intrattenimento* che sforna in continuazione film, musiche, spettacoli, partite, competizioni, romanzi gialli, thriller e molto altro; dobbiamo riuscire a non lasciarci *intra-tenere*, a non farci «tenere dentro», ma a *tenere* per noi il nostro *intra*, il nostro *dentro*. Dobbiamo imparare a rimanere padroni del nostro vuoto interiore governando la mente senza temere la noia ma imparando a trasformarla. L'obiettivo è non farci riempire la mente di cose inutili e di voci altrui.

Siccome però spesso ce la facciamo riempire e il nostro vuoto cade vittima di intrattenitori di ogni tipo, il lavoro interiore in cui consiste il terzo pensiero giusto si attua anzitutto come pratica di una profonda pulizia dell'interiorità: depurazione della mente, dieta dimagrante della psiche e dell'emotività, disciplina delle calorie intellettuali. A tal fine dobbiamo ripulire il vuoto dentro di noi imparando a nutrirlo di *poche* cose vere per volta: poche vere relazioni sessuali (fino a quando si troverà, se la si troverà, la sola che riempie tutta la vita), poche vere fedeli amicizie, poca vera grande musica, pochi veri grandi libri e via di questo passo. Sobrietà emotiva e spirituale. Credo sia questo il senso della prima delle otto beatitudini di Gesù: «Beati i poveri in spirito».[56]

Ascoltare musica, guardare film, andare a teatro, visitare mostre, leggere libri è certamente necessario, ma il fine non è farsi riempire la mente di emozioni e pensieri altrui per non sentire la nostra noia, né accumulare conoscenze per esibire il proprio sapere; è piuttosto nutrirsi di genuine esperienze altrui allo scopo di alimentare il *nostro* sapere e raffinare il *nostro* sapore. Il fine è lavorare su di sé, consapevoli che l'obiettivo è la dimensione contemplativa della vita, cioè la disposizione d'animo che custodisce il vuoto interiore. Come insegna ancora Montaigne: «Bisogna riservarsi un retrobottega tutto nostro, del tutto indipendente, nel quale stabilire la nostra vera libertà, il nostro principale ritiro e la nostra solitudine».[57] Se manteniamo pulito e terso il nostro vuoto interiore, esso cesserà di agire come un vortice da cui proviene un continuo risucchio e diverrà il nostro rifugio più sicuro. È il grande insegnamento trasmesso da tutte le maggiori tradizioni spirituali, sintetizzate mirabilmente da questo pensiero di Marco Aurelio: «Ricordati che il tuo principio direttivo diventa invincibile quando, rinserrato in se stesso, si contenta di sé e non fa niente che non voglia [...] La mente libera da passioni è una fortezza [*akrópolis*]: l'essere umano non ha niente di più forte dove rifugiarsi ed essere sempre inespugnabile».[58] La mente come un'acropoli: fortezza e insieme tempio, sicurezza e insieme pace.

Per questo è essenziale educarsi a saper convivere con il proprio vuoto, padroneggiando la pulsione incontrollata di riempirlo a qualunque condizione purché scompaia. Acquisire la pratica di convivere con esso significa imparare a stare fermi sul nostro abisso. Imparare a guardare il cratere del nostro vulcano interiore. Imparare a stare in ascolto. A zittire la mente. A udire il suono del nostro silenzio. È questo il risultato del terzo pensiero giusto.

[56] *Matteo* 5,3.

[57] Montaigne, *Saggi*, libro I, cap. 39, ed. it. cit., p. 315.

[58] Marco Aurelio, *Pensieri*, VIII,48, ed. it. cit., p. 187, con traduzione leggermente modificata.

44. *Approfondimenti sul terzo pensiero giusto*

a)

Se l'obiettivo del lavoro interiore consiste nel custodire il vuoto, il suo risultato è duplice e consiste nella bellezza e nella libertà; più precisamente, nella bellezza interiore e nella libertà interiore, ovvero nelle due forme più autentiche e più decisive di bellezza e di libertà.

Per quanto concerne la bellezza interiore, occorre considerare che la sua sorgente scaturisce dallo spazio vuoto al nostro interno, da quel luogo non-luogo in cui l'ego non c'è, intendendo per *ego* la volontà autoriferita. Scaturita dal vuoto, la bellezza interiore si manifesta nel non voler avere alcuna bellezza, nel sereno distacco da sé, nell'assenza di ambizione. La bellezza interiore nasce dallo spazio vuoto e per questo accogliente, perché quanto più c'è vuoto interiore, cioè libertà da sé, tanto più c'è capacità di avere spazio per gli altri. È anzitutto una questione fisica.

È quanto il Vangelo afferma dicendo di *rinnegare se stessi*: «Se qualcuno vuol venire dietro a me, rinneghi se stesso, prenda la sua croce e mi segua».[59] Tale linguaggio però, a mio avviso, non è molto felice, perché può condurre a un malsano odio verso di sé, per cui, più che: «Rinneghi se stesso», si potrebbe dire meglio: «Svuoti se stesso». Dallo svuotamento delle parti più profonde della propria interiorità, sgomberate da tutti gli odi e i risentimenti accumulatisi negli anni come oggetti dimenticati in una cantina ritornata finalmente vuota e pulita, può procedere la nostra liberazione e generarsi la nostra più autentica bellezza.

b)

Il secondo risultato del lavoro interiore a custodia del nostro vuoto è la libertà. In particolare, la forma più preziosa di libertà: quella da se stessi. Tale libertà si manifesta nel comprendere che i nostri problemi hanno la loro radice per la gran parte dentro di noi, e non fuori di noi, come invece è portata d'istinto a pensare la mente ordinaria per la quale è sempre «colpa degli altri».

[59] *Marco* 8,34.

A tale acquisizione però è possibile arrivare solo a patto di essere in grado di distaccarsi da sé e di oggettivarsi, facendo nascere in sé una sorta di dualità: da un lato un io soggetto che vede, dall'altro un io oggetto che è visto. Ed è esattamente in questo distacco di sé da sé che consiste la disposizione che io denomino *libertà interiore*.

Tale libertà di sé da sé, mentre ci consente di oggettivarci, ci consente al contempo di non identificarci completamente con ciò che diciamo o che facciamo, generando in questo modo quell'autoironia che è l'essenza specifica dell'umorismo (tanto diverso dalla comicità, che invece per far ridere ha sempre bisogno di qualcuno da deridere). In questa prospettiva la meta è quella prefigurata da queste tre antiche testimonianze, molto distanti tra loro geograficamente e culturalmente, ma il cui insegnamento è il medesimo:

- sapienza ebraica: «Chi domina se stesso vale più di chi conquista una città»;[60]
- sapienza buddhista: «La vittoria su se stessi è la massima vittoria, ha molto più valore che soggiogare gli altri»;[61]
- sapienza greco-romana: «Il dominio di se stessi è il più grande dominio».[62]

Ma attenzione: chi può dominare o vincere il sé, se non ancora il sé? Ne viene che, come il nemico non è esterno ma dimora al nostro interno, allo stesso modo neppure il salvatore è esterno ma dimora al nostro interno: è il nostro spazio vuoto divenuto consapevole di sé; è la nostra più vera e più luminosa personalità; è la nostra coscienza morale; è ciò che Kant denomina «*Io invisibile*».[63]

La libertà interiore, nella misura in cui ci fa comprendere che la causa dei nostri problemi è dentro di noi, ci fa allo stesso modo comprendere che anche la loro soluzione è dentro di noi. La

[60] *Proverbi* 16,32.

[61] *Dhammapada*, 103-105, ed. it. cit., p. 36.

[62] Seneca, *Lettere a Lucilio*, XIX,113,30, ed. it. cit., vol. II, p. 871.

[63] Immanuel Kant, *Critica della ragion pratica* [1788], A 289, ed. it. in *Critica della ragion pratica e altri scritti morali*, a cura di Pietro Chiodi, Utet, Torino 2006, p. 313.

trappola consiste nella convinzione che la radice di tutti i miei problemi sia *fuori* di me, e che anche la salvezza (o il salvatore) sia allo stesso modo *fuori* di me. Lo scioglimento da tale trappola radicale inizia quando divengo consapevole che il nemico in realtà è *dentro* di me e che anche la salvezza è *dentro* di me. Io sono la mia trappola, io sono il mio liberatore.

c)

Se è vero, come osservava Pascal, che tutta l'infelicità degli uomini deriva dal non sapersene restare tranquilli in una camera, allora è altrettanto vero che la via della felicità consiste nell'imparare a starsene tranquilli nella propria camera. Ovviamente nella propria camera come avveniva nel passato, senza cellulare, computer, TV e altri dispositivi che trasportano la mente in giro per il mondo o peggio il più delle volte nella mente degli altri.

Saper stare tranquilli in questo modo nell'autentica solitudine non è però per nulla facile e richiede un lavoro, quel tipo di lavoro su di sé che io chiamo *lavoro interiore* e che consiste in un intreccio di educazione spirituale, di analisi psicologica, di studio rigoroso e di disciplina etica. Il suo fine è l'adempimento del precetto delfico: «Conosci te stesso».[64] O anche di quest'altra aurea massima dell'antica sapienza classica: «Dimostra di sapere chi sei».[65] Il lavoro interiore ci mette in condizione di dimostrare a noi stessi chi siamo veramente, di conoscere qual è il nostro vero desiderio, di individuare la nostra passione dominante, di scoprire il nostro tesoro più prezioso.

Il lavoro interiore consiste in una serie di pratiche che riguardano sia il corpo sia la mente. Le pratiche che riguardano il cor-

[64] Il detto è attribuito ora a uno ora all'altro dei Sette sapienti greci, per esempio Chilone di Sparta e Pittaco di Lesbo, cfr. *Proverbi, sentenze e massime di saggezza in Grecia e a Roma. Tutte le raccolte da Pitagora all'umanesimo*, a cura di Emanuele Lelli, Bompiani, Firenze-Milano 2021, pp. 7 e 13. È chiamato *delfico* perché era inciso sull'architrave del tempio di Apollo a Delfi, incisione voluta, secondo Platone, dai Sette sapienti radunatisi insieme, cfr. Platone, *Protagora*, 343 B.

[65] Cfr. Pindaro, *Pitiche*, II,72, ed. it. a cura di Franco Ferrari, Bur, Milano 2018^4, pp. 92-93. L'espressione venne ripresa e riadattata da Nietzsche nel 1888 nel sottotitolo di *Ecce homo*: «Come si diventa ciò che si è».

po sono lo yoga, alcune arti marziali, danze rituali e altre tecniche e discipline che hanno la peculiarità, lavorando sul corpo, di calmare e illuminare la mente. È la mente infatti su cui si deve soprattutto lavorare, perché tutto parte e dipende da lì.

Il lavoro che riguarda direttamente la mente si compie mediante l'immersione consapevole e gioiosa nella natura, l'ascolto della grande musica, la visione della grande arte, la lettura di grandi libri, l'ancora più importante rilettura, lo studio (composto di riflessione, memorizzazione, assimilazione). Queste pratiche però costituiscono solo la preparazione, come il rifornirsi dei viveri necessari per il viaggio, mentre il vero e proprio lavoro sulla mente comincia quando si passa dalla passività di chi riceve all'attività di chi pratica. Ma come si fa? Ecco alcuni possibili esercizi di lavoro interiore a livello mentale: esaminare il proprio linguaggio nell'uso delle parole; esaminare il proprio linguaggio nel volume, nella tonalità e nella velocità della voce; elencare le proprie paure; elencare le sorgenti del proprio coraggio; elencare le dieci cose che si desiderano di più; elencare i propri eroi; elencare i propri maestri; disegnare il proprio stemma; elaborare il proprio motto; elaborare il proprio mantra; scegliere o comporre la propria preghiera del cuore; compilare la propria personale confessione di fede in quanto visione del mondo e destino dell'uomo; compilare la propria personale confessione di fede in quanto azione nel mondo, cioè i valori per i quali si vive e i disvalori contro i quali si lotta.

Ma il lavoro interiore sulla mente si compie soprattutto mediante una quotidiana disciplina di attenzione e di silenzio detta comunemente *meditazione*, intendendo il raccoglimento della mente tramite il controllo e l'ascolto del respiro. In realtà il termine meditazione non è del tutto adatto per designare questa pratica di origine buddhista, detta in sanscrito e in pali *bhāvanā*, perché meditazione per noi occidentali equivale a riflessione in quanto esercizio del pensiero finalizzato a conoscere (esattamente secondo l'uso che ne fece Cartesio scrivendo le sue *Meditazioni metafisiche*),[66] mentre *bhāvanā* significa piuttosto «col-

[66] Cfr. René Descartes, *Meditazioni metafisiche* [1641], ed. it. a cura di Lucia Urbani Ulivi, Bompiani, Milano 2007[3].

tura mentale, sviluppo mentale».[67] Più che di meditazione, occorre quindi parlare di *coltivazione*. O anche di *medicazione*, visto che il fine di tale pratica non è la conoscenza intellettuale ma è la guarigione dalle malattie della mente che generano sofferenza a sé e agli altri.

Lo svolgimento del lavoro interiore sulla mente, sia tramite esercizi corporei sia tramite l'ascolto del respiro, è un progressivo, lieto e permanente esercizio spirituale. Se il lavoro riesce, si giunge a generare calore ed energia, risultando amici agli altri e a se stessi, e a vivere felici. Si giunge, per riprendere un'espressione di Dante, a «parturir letizia».[68]

d)

Dal lavoro interiore dipende strettamente il destino di ognuno di noi. Ha scritto in questa prospettiva Hannah Arendt: «Non è irrilevante notare come la parte immortale e divina nell'uomo non esista se non viene attualizzata e focalizzata su ciò che è divino fuori di lui; in altre parole, l'*oggetto* dei nostri pensieri conferisce immortalità al pensare stesso».[69]

Qui tocchiamo il punto decisivo: la riuscita dell'esperimento della vita dipende da ciò su cui avviene l'attualizzazione e la focalizzazione della nostra energia interiore.

Siamo *cupiditas* e tramite l'educazione spirituale possiamo trasformare tale *cupiditas* in *amor*. Tutto si gioca nel processo educativo, in questo *e-ducere* che Socrate chiamava *maieutica* (arte della levatrice), Platone *periagogé* (inversione di marcia), il Buddha *bodhi* (risveglio), Gesù *metánoia* (conversione in quanto trasformazione della mente), i saggi ebrei *teshuvà* (conversione), e altri in altri modi.

Alla fine io penso che avesse visto bene Montaigne quando giunse ad affermare con la sua consueta, mite e implacabile

[67] Walpola Rahula, *L'insegnamento del Buddha* [1958], tr. di Maria Angela Falà, Adelphi, Milano 2019, p. 106.

[68] Dante, *Paradiso*, I,31.

[69] Hannah Arendt, *La vita della mente* [1978, postuma], ed. it. a cura di Alessandro Dal Lago, il Mulino, Bologna 2009^2, p. 226.

profondità: «Nessuno sta male per molto tempo se non per colpa sua».[70]

45. Summa summarum

I tre pensieri sbagliati alla radice della trappola riproducono le tre seguenti basilari volizioni: attrarre, dipendere, riempire.

I tre pensieri giusti, sorgente della liberazione, trasformano le volizioni basilari in questo modo: non attrarre, non dipendere, non farsi riempire.

Ovvero, in positivo: dedicarsi, essere indipendenti, selezionare accuratamente.

46. I sei passi per uscire dalla trappola

Ecco i sei passi per uscire dalla trappola (elencati secondo l'ordine logico con cui appaiono alla mente):

- Primo: divenire consapevole di esserci, dato che non tutti si ritengono intrappolati.
- Secondo: comprendere qual è la natura specifica della propria trappola, dato che ognuno è intrappolato a modo suo.
- Terzo: volerne uscire, dato che c'è chi preferisce rimanervi piuttosto che affrontare la guerra di indipendenza.
- Quarto: sapere che dalla trappola non si uscirà mai completamente e che inseguire un'impossibile libertà assoluta conduce a rimanere intrappolati ancora di più.
- Quinto: comporre il terzo passo (volontà di uscire) con il quarto (consapevolezza che non si uscirà mai completamente) prefigurando una dialettica di resistenza e resa: *resistenza*, per liberarsi progressivamente; *resa*, accettando il fatto che la liberazione non sarà mai totale.
- Sesto: riflettere per capire come procedere concretamente

[70] Montaigne, *Saggi*, libro I, cap. 16, ed. it. cit., p. 86.

tramite piccoli e progressivi passi a seconda della propria specifica trappola.

47. *Fiducia*

La malattia di cui soffriamo e che genera nella nostra mente le immagini della belva feroce, del drago con le fauci spalancate e dei due topi, uno bianco e uno nero, è la sfiducia nella vita: è questa sfiducia radicale, che si rappresenta la vita come un pozzo secco nel deserto, a rappresentare la patologia contemporanea più diffusa. Ne viene che la via della liberazione passa dall'acquisire fiducia, dal recuperare speranza, dalla visione positiva della vita, ritenendola non una trappola mortale, ma un laboratorio dove si conduce un esperimento che può riuscire. Si tratta di un atteggiamento razionale?

No, non lo è. Come tutte le cose veramente importanti dell'esistenza, anche questa disposizione a favore della fiducia e della speranza non è *razionale*. Lo stesso vale per l'amore, l'amicizia, la passione, l'entusiasmo, l'ispirazione: nessuno di questi atteggiamenti è razionale. Irrazionale, però, non vuol dire necessariamente falso, perché la verità non coincide sempre con ciò che è razionale, così da poter sempre essere afferrata e definita dalla ragione. È piuttosto l'esattezza a coincidere con il razionale e a poter essere afferrata e definita dalla ragione, ma la verità è ben più dell'esattezza: è forza, energia, impeto, passione. È «eroico furore», diceva Giordano Bruno.[71] È questa condizione onniavvolgente della mente e del cuore a meritare il nome di *verità*, musica integrale della vita, concerto e sinfonia in do maggiore.

Theodor Wiesengrund Adorno (1903-1969) scrisse gli aforismi e le riflessioni che compongono i *Minima moralia* dal 1944 al 1947, e non si sa se per lui, ebreo da parte di padre, fosse stato più duro vivere l'ultimo periodo della guerra o i primi anni del dopoguerra quando diventavano note le dimensioni della Shoah; quello che è certo è che pose come sottotitolo alla sua

[71] Cfr. Giordano Bruno, *De gli eroici furori* [1585], in *Opere italiane*, a cura di Giovanni Aquilecchia e Nuccio Ordine, Utet, Torino 2007.

pubblicazione *Meditazioni della vita offesa*. Nella seconda parte dei *Minima moralia* è contenuta una riflessione critica contro l'*amor fati* di Nietzsche, ovvero contro quella visione del mondo che, in quanto «amore del destino», è consacrazione di ciò che succede e di ciò che si impone, una visione che, secondo Adorno, ha «nella prigione» la sua origine: «Colui che non vede e non ha più nient'altro da amare, finisce per amare le mura e le inferriate».[72] Di contro a questa apologia della forza vincitrice che *succedendo* ottiene *successo*, Adorno afferma: «Alla fine la speranza, come si sottrae, negandola, alla realtà, è la sola figura in cui si manifesta la verità. Senza speranza l'idea della verità sarebbe difficilmente concepibile».[73]

Questo mondo è una prigione e la vita in esso è una trappola. La ragione analitica vede tale situazione, ne riconosce l'ineluttabilità e deduce che sarebbe stato molto meglio non essere mai nati, ma che tuttavia, essendo comunque nati, è molto più saggio non prendere sul serio questa vita e trascorrerla simulando e dissimulando nell'esercizio a capriccio della nostra volontà di potenza, nell'attesa che si compia il destino del nostro essere nulla. Se però ha un senso la filosofia, controbatte Adorno dando voce perfettamente all'esperienza spirituale che anticamente la fece sorgere, esso è proprio quello di sostenere la fiducia nella vita e nella sua sapienza, di cui si crede che risulterà più forte della forza cieca del fato: per cui la speranza «è la sola figura in cui si manifesta la verità».

E infatti, da esperto musicista e musicologo qual era, Adorno conclude i *Minima moralia* con questo scritto solenne, quasi un beethoveniano inno alla gioia, nel suo caso alla missione della filosofia: «La filosofia, quale solo potrebbe giustificarsi al cospetto della disperazione, è il tentativo di considerare tutte le cose come si presenterebbero dal punto di vista della redenzione. La conoscenza non ha altra luce che non sia quella che emana dalla redenzione sul mondo: tutto il resto si esaurisce nella ricostruzione a posteriori e fa parte della tecnica».[74]

[72] Theodor Wiesengrund Adorno, *Minima moralia. Meditazioni della vita offesa* [1951], n. 61, tr. di Renato Solmi, Einaudi, Torino 1979, p. 108.
[73] *Ibidem*.
[74] *Ivi*, n. 153, p. 304.

Qui Adorno dichiara tre cose: 1) la filosofia è il tentativo al cospetto della disperazione di considerare l'intero processo storico come dotato di senso, come redento nel senso di finalmente giusto; 2) la conoscenza filosofica trae la sua luce peculiare da questo ideale redentivo; 3) ogni altra conoscenza in ambito filosofico che non provenga dalla luce della speranza nella redenzione del processo storico è solo tecnica, storiografia, mestiere.

Adorno continua affermando che il compito del pensiero filosofico consiste anche nel mettere in luce le fratture e le crepe del mondo, ciò che io in questo saggio ho chiamato *trappole*, e di farlo «senza arbitrio e senza violenza» ma mediante il «semplice contatto con gli oggetti». La filosofia però deve soprattutto coltivare la fiducia, generando «un punto di vista sottratto, sia pure di un soffio, al cerchio magico dell'esistenza». Adorno è consapevole che si tratta di un compito impossibile, perché non è ragionevolmente possibile sottrarsi al cerchio intrappolante dell'esistenza, e proprio per questo conclude: «Ma rispetto all'esigenza che gli si pone, la stessa questione della realtà o irrealtà della redenzione diventa pressoché indifferente».[75] Il che significa che, a volte, la verità di cui si vive, e grazie a cui ci si può sottrarre al cerchio dell'esistenza e riuscire nell'esperimento della vita e uscire dalla trappola, non proviene dalla realtà che si vede e che si tocca. E in questo senso non è razionale. Ma da quando la vita concreta è *razionale*?

48. Ottimismo

Quattro o cinque anni prima che Adorno concludesse i *Minima moralia* con il pensiero sopra citato, Dietrich Bonhoeffer compose alcune considerazioni che intitolò *Dieci anni dopo*, a cui appose come sottotitolo *Un bilancio sul limitare del 1943*. Il sottotitolo fa comprendere che il riferimento temporale è l'ascesa al potere di Hitler avvenuta il 30 gennaio 1933, e quindi indica che il titolo si deve intendere propriamente così: *Dieci anni dopo Hitler*. Tra queste riflessioni ve ne sono alcune dedicate

[75] *Ibidem*.

all'ottimismo nelle quali Bonhoeffer parte dalla seguente constatazione: «Essere pessimisti è più saggio: si dimenticano le delusioni e non si viene ridicolizzati davanti a tutti. Perciò presso le persone sagge l'ottimismo è bandito».[76] Egli non tralascia di aggiungere che esiste anche «un ottimismo stupido, vile»: è l'ottimismo a buon mercato di coloro che si rifiutano di prendere in considerazione i problemi fingendo che non esistano, ed è l'ottimismo interessato della macchina economica che ha bisogno di alimentare incessantemente la voglia di consumare. Esiste però anche un ottimismo veritiero e intelligente, che Bonhoeffer, dopo dieci anni passati sotto Hitler e nel mezzo della guerra mondiale, descrive così: «L'essenza dell'ottimismo non è guardare al di là della situazione presente, ma è una forza vitale, la forza di sperare quando gli altri si rassegnano, la forza di tenere alta la testa quando sembra che tutto fallisca, la forza di sopportare gli insuccessi, una forza che non lascia mai il futuro agli avversari, ma lo rivendica per sé». Qui si afferma che l'ottimismo non riguarda primariamente la realtà esteriore ma il possesso di sé, ciò che viene descritto come «forza di tenere alta la testa» e che si potrebbe chiamare *dignità*. L'ottimismo non è la futile ingenuità di chi dichiara a priori che «tutto andrà bene», ma la determinazione vitale di chi dice: «Io resisterò».

Ed ecco ora il passo a mio avviso più importante delle considerazioni bonhoefferiane sull'ottimismo: «Nessuno deve disprezzare l'ottimismo inteso come volontà di futuro, anche quando dovesse condurre cento volte all'errore; perché esso è la salute della vita».[77] L'ottimismo come volontà di futuro è la salute della vita. Ovvero, la forza per uscire dalla trappola e vivere nella gioia.

Il pensiero di Bonhoeffer contiene la medesima tensione irrisolta che ha contrassegnato finora questo mio lavoro: quella tra destino del mondo e destino personale, tra impegno sociopolitico e disciplina spirituale. Da un lato infatti Bonhoeffer sostiene che l'unico obiettivo possibile è concentrarsi su di sé e salvare la propria anima dal caos incombente perché non si può fare

[76] Bonhoeffer, *Resistenza e resa*, ed. it. cit., p. 72.
[77] *Ibidem*.

altro, come afferma nelle riflessioni su *Geremia* 45; dall'altro lato però altrove afferma che c'è in gioco ben più del proprio personale tornaconto: «Per chi è responsabile la domanda ultima non è: come me la cavo eroicamente in questo affare, ma: quale potrà essere la vita della generazione che viene».[78] Bonhoeffer istituisce in questo modo una netta differenza tra «salvare la propria anima» e «cavarsela», in base alla quale è possibile affermare che io salvo la mia anima non se «me la cavo», ma se mi prendo a cuore la sorte degli altri, della prossima generazione. Devo pensare a me e alla mia salvezza, non alla considerazione che gli altri hanno di me; ma penso veramente a me e alla mia salvezza quando mi occupo degli altri e del loro bene, e non a «cavarmela». Non mi devo rinnegare o sacrificare, devo affermarmi e realizzarmi; ma questo avverrà tanto più, quanto più mi aprirò alla relazione, perché io sono relazione e la mia struttura ontologica è essere-con ed essere-per. Tutto è un sistema, anch'io sono un sistema, e quanto più renderò autentiche e vitali le connessioni che strutturano il mio essere, tanto più vivrò.

L'ottimismo è l'atteggiamento della mente e del cuore che discende da questa intelligenza relazionale. Perché però definirlo *ottimismo*? Perché anche quando si fallisce storicamente (come avvenne a Bonhoeffer che fu impiccato a trentanove anni il 9 aprile 1945, a un mese esatto dalla fine della guerra, dato che Hitler volle farsi precedere nella tomba dai suoi nemici personali), se si è vissuta la propria identità in modo relazionale in funzione della vita del mondo, allora, soggettivamente, non si fallisce, perché dalla propria estrema testimonianza il mondo trae vita. La morte per impiccagione è un totale fallimento nella prospettiva individualistica («cavarsela»), ma non lo è per nulla nella prospettiva relazionale («la vita della generazione che viene»).

L'ottimismo sotto questo profilo non è un atteggiamento psicologico, ma uno statuto ontologico; riguarda la disposizione non della mia sola psiche, ma di tutto il mio essere. Assumendo me stesso non come singolo punto isolato ma come nodo di una rete molto più ampia, il mio fallimento personale (che peraltro, prima o poi, inevitabilmente arriverà per tutti) non è in realtà

[78] *Ivi*, p. 64.

un fallimento: il mio nodo si scioglierà, ma il suo sciogliersi contribuirà alla formazione di altri nodi, come in precedenza lo sciogliersi di altri nodi aveva contribuito alla formazione del mio e al continuo evolversi della rete della vita.

Se considero la mia vita dal punto di vista individualistico, la morte è necessariamente un fallimento irreversibile. Se invece la considero dal punto di vista relazionale (ovvero secondo quella prospettiva per la quale io esisto come risultanza di una serie di connessioni, come nodo di una rete), la morte è il ritorno in quella condizione non più di nodo ma di materia che consente la formazione di altri nodi. E se io con la mia vita ho mirato a questo, cioè a servire la dinamica della vita esercitando la sua logica relazionale, allora non c'è fallimento: c'è compimento e prosecuzione del cammino.

49. Pedagogia della gioia

Alle prese con un mondo completamente cambiato rispetto al passato, già diverso persino rispetto al passato più recente, e in continua, camaleontica, trasformazione, abbiamo bisogno di una nuova formazione dell'essere umano. In essa la priorità, ben più che ai contenuti, va data ai metodi: non tanto il che cosa, quanto il come; non tanto le nozioni, quanto lo stile; non tanto l'istruzione, quanto la ben più rilevante educazione. Per questo io sogno un ipotetico discorso agli studenti il primo giorno di scuola in cui si dica loro più o meno così.

> Imparerete a stare con gli altri, e imparerete a stare da soli con voi stessi. Imparerete a parlare argomentando con proprietà di linguaggio le vostre idee, e imparerete a tacere ascoltando in silenzio e con rispetto chi vi sta parlando. Imparerete a riconoscere quando potrete interrompere il discorso altrui e quando no, e in che modo farlo. Imparerete a riflettere su ciò che avete ascoltato, a capirne i punti forti e i punti deboli. Imparerete a essere onesti con i vostri pensieri e le vostre parole.
>
> Imparerete a donarvi, e imparerete a proteggervi. Imparerete il governo di voi stessi. Imparerete che l'igiene perso-

nale, oltre il corpo, riguarda anche la mente e quindi imparerete a ripulire anche la vostra mente. Imparerete a riconoscere le vostre ansie e le vostre paure, e a interpretarle come messaggi importanti della vita. A questo infatti serve la cultura: a conoscere se stessi. Vale a dire i propri talenti, le proprie difficoltà, le proprie altezze, i propri abissi. La conoscenza di sé costituisce la conoscenza più difficile e più preziosa. Quella che vi accompagnerà sempre, fino alla fine del viaggio su questa terra.

In questo mondo dove è sempre più raro incontrare persone che credono di possedere la verità, e nel quale invece ci confrontiamo costantemente con quelli che sono sicuri di avere ragione (come disse una filosofa che conoscerete e che spero amerete),[79] voi imparerete a fare il contrario: ad amare la verità sopra ogni cosa e proprio per questo a non curarvi più di avere ragione. Vi accorgerete infatti che quelli che vogliono avere sempre ragione non hanno nessun amore per la verità; a loro importa solo la vittoria.

Voi imparerete tutto questo tramite la cultura. Non c'è nulla di più importante della cultura, il cui nome deriva da *coltura*, ovvero *coltivazione*, e quello che voi imparerete a coltivare sarà la vostra interiorità. Ognuno di voi chiami come vuole la propria interiorità (o psiche, o mente, o coscienza, o anima, o in altri modi ancora), ma a contatto con la cultura scoprirete che non avete nulla di più prezioso. E quando l'avrete scoperto, vi verrà spontaneo venerare la cultura con un autentico senso di culto, perché questo essa merita e, prima ancora, essa è. La cultura infatti è culto della dimensione più nobile dell'essere umano. È il vostro tempio interiore. Dedicandovi a essa, voi imparerete che esiste qualcosa molto più importante e più bello di voi: quando lo scoprirete e vi dedicherete a questo *qualcosa*, liberandovi dagli scontati interessi ordinari, entrerete nella gioia più vera.

A proposito della gioia e della sua verità, desidero leggervi

[79] Cfr. Hannah Arendt, *L'umanità in tempi bui. Riflessioni su Lessing* [1959], tr. di Laura Boella, Raffaello Cortina, Milano 2006, p. 92.

un antico testo che ci proviene dalla sapienza dei nostri padri, in particolare da un filosofo della Roma del I secolo, contemporaneo di Gesù, forse nato persino nello stesso anno, il cui nome è Lucio Anneo Seneca. Negli ultimi anni della vita, ormai più vicino ai settanta che ai sessanta, egli compose il suo capolavoro, le *Lettere a Lucilio*, da cui proviene il testo che vi leggerò. Lucilio non era giovane come voi, essendo già procuratore imperiale in Sicilia, ma era comunque più giovane di Seneca. D'altro lato Seneca, mentre componeva le sue lettere, era consapevole del fatto che per lui la vita era quasi alla fine, non tanto per l'età avanzata, quanto per la pazzia omicida di Nerone che allora imperversava su Roma (e che in effetti alla fine, nell'anno 65, lo costrinse al suicidio).

Della corrispondenza con Lucilio ci sono pervenute 124 lettere di Seneca, nessuna di Lucilio, il che ha portato alcuni a ritenere che si tratta in realtà di un artificio letterario escogitato dal filosofo e non di una corrispondenza reale. La verità non la sapremo mai, ma quello che è chiaro è che Seneca era consapevole di scrivere «al servizio dei posteri» per offrire *salutares admonitiones*, «consigli salvifici», e mostrare «la giusta via», da lui conosciuta tardi ma ora chiara nella mente: «Sono al servizio dei posteri. Scrivo cose che possano loro servire. Affido alle mie pagine consigli salvifici, come ricette di giovevoli medicine: io ne ho sperimentato l'efficacia sulle mie ferite, che, se non sono guarite del tutto, almeno non si sono aggravate. La giusta via, che ho conosciuta tardi e stanco del lungo errare, ora la mostro agli altri».[80] Questi posteri siete anche voi, cari studenti. Ognuno di voi, quindi, è Lucilio, il destinatario di queste magnifiche lettere che arrivano dal nostro lontano passato, dalle nostre più profonde radici.

La lettera di cui ho scelto di leggervi i passi salienti è la numero 23. La si potrebbe intitolare *pedagogia della gioia*, visto che l'autore esorta proprio a questo: «Prima di tutto

[80] Seneca, *Lettere a Lucilio*, VIII,2-3, ed. cit., p. 29 (con modifiche e tagli da parte mia).

fa' così, Lucilio mio: impara a gioire». La gioia è la prima cosa da ricercare, da volere «*ante omnia*», prima di tutto il resto, e quindi si può dire che chi vive nella gioia ha compiuto lo scopo del suo essere qui. Ma in che senso si deve *imparare* a gioire? A noi sembra di saperlo fare benissimo e che sia solo questione di averne i mezzi. Datemi ricchezza, bellezza, amori, amicizie importanti e vedrete all'istante la mia inesauribile gioia: non pensiamo forse tutti così? La realtà, però, è un'altra: è che noi non sappiamo gioire e che lo dobbiamo imparare. Come dobbiamo imparare a parlare, a camminare, a leggere, a scrivere, a studiare, a nuotare, a sciare, a suonare, così dobbiamo imparare a gioire. «*Disce gaudere*», «Impara a gioire»: queste parole valgono tali e quali anche per noi. Per suonare come si deve uno strumento sono necessari anni di esercizio e di applicazione, perché mai per la musica interiore in cui consiste la vera gioia ce ne dovrebbero volere di meno?
L'obiettivo di Seneca è chiaro: «Voglio che non ti manchi mai la gioia». È bella, quasi commovente, questa generosità che finalizza la propria filosofia al servizio della gioia altrui. Ma subito dopo egli specifica: «Voglio, però, che ti nasca in casa». *In casa*: con questa espressione il filosofo contrassegna l'interiorità e afferma che è lì, nella casa interiore della personalità, che nasce la vera gioia. Essa è tale solo se è «fatta in casa», e non comprata da altri a pagamento.
Oggi sono sempre più numerosi i venditori che cercano astutamente di vendervi la gioia. La loro merce però non genera gioia, ma carburante per una felicità effimera e fatua che produce una grande fiammata all'inizio e che ben presto si spegne, come un fuoco di sola paglia. La vera gioia, al contrario, è quella di cui parla Seneca: «*Verum gaudium res severa est*», «La vera gioia è una cosa seria».
Ora però lascio la parola a lui. Vi prego, ascoltatelo con attenzione; e anche con gratitudine per aver pensato a noi, suoi posteri. Ha detto bene Nietzsche, infatti, in un aforisma intitolato *Gioia per la gioia altrui*: «Raffigurarsi la gioia altrui e rallegrarsi di essa, è il più alto privilegio degli animali superiori, e, anche tra questi, è accessibile solo agli

esemplari più eletti».[81] Concetto ribadito cinque anni dopo da Oscar Wilde: «Chiunque può simpatizzare con le sofferenze di un amico, ma occorre una natura veramente coltivata per simpatizzare con il successo di un amico».[82] E se mi è permesso un ultimo consiglio personale a ognuno di voi: non dimenticare che Lucilio sei tu.

Prima di tutto fa' così, Lucilio mio: impara a gioire. Pensi davvero che io ti voglia privare di molti piaceri? Al contrario, voglio che non ti manchi mai la gioia. Voglio, però, che ti nasca in casa: e ti nascerà, se sorge dentro di te. Le altre forme di felicità non riempiono il cuore; appaiono sul volto ma sono fugaci, non crederai certo che abbia vera gioia chi ride. No, credimi, la vera gioia è una cosa seria. Questa gioia voglio che tu possieda: essa non ti verrà mai meno, una volta che tu sappia da dove deriva. I metalli vili si trovano in superficie; i più preziosi, invece, sono nascosti nelle viscere della terra ma procurano un guadagno maggiore a chi fa la fatica di scavare. I beni di cui si compiace la massa danno un piacere inconsistente e superficiale, perché ogni gioia che viene dall'esterno manca di fondamento. La gioia di cui ti parlo, e alla quale cerco di condurti, è invece fondata, e si genera intensamente nell'interiorità. Ti prego, carissimo, fa' la sola cosa che può farti davvero felice: calpesta, distruggi, i beni esteriori e luccicanti che ti promettono o che tu speri di ottenere da altri, e aspira al vero bene e godi del tuo. Ma che cos'è questo *tuo*? Sei tu stesso, è la parte migliore di te.[83]

Questo ipotetico discorso per il primo giorno di scuola agli studenti delle superiori rappresenta un sogno, ma anche una necessità. Mi riferisco al sogno e alla necessità di una cultura che non sia solo *istruzione* per risultare *istruiti* ed essere *strumenti* al servizio dell'*industria* o di qualunque altra *struttura* (la

[81] Friedrich Nietzsche, *Umano, troppo umano*, vol. II, n. 63 [1886], tr. di Sossio Giametta, Adelphi, Milano 2001[7], p. 31. Nel primo volume aveva scritto: «Il prender parte alla gioia, non il prender parte al dolore, fa l'amico», parte nona, aforisma n. 499, p. 273.

[82] Oscar Wilde, *L'anima dell'uomo sotto il socialismo* [1891], in *Opere*, a cura di Masolino d'Amico, Mondadori, Milano 1979, p. 1197.

[83] Seneca, *Lettere a Lucilio*, XXIII,3-6, ed. cit., pp. 116-119 (con modifiche e tagli da parte mia).

radice è sempre la stessa, *stru*, la medesima alla base del verbo latino *struo*, *struere*, che letteralmente significa «collocare sopra o accanto» e che ha generato l'italiano «costruire»). E mi riferisco al sogno e alla necessità di una cultura che neppure sia solo erudizione e nozionismo, sfilata di dati e di date, e non di rado di vanità. No, ciò di cui il nostro tempo ha urgente bisogno è la cultura come cura di sé e come responsabilità, quella cultura di cui Antonio Gramsci scriveva così oltre un secolo fa: «La cultura è organizzazione, disciplina del proprio io interiore; è presa di possesso della propria personalità, è conquista di coscienza superiore, per la quale si riesce a comprendere il proprio valore storico, la propria funzione nella vita, i propri diritti, i propri doveri».[84] È da questa cultura come coltivazione di sé (come organizzazione, disciplina, coscienza superiore) che nasce la gioia in quanto «*res severa*», la gioia «fatta in casa», la gioia interiore che non dipende da estranei e che per questo è stabile e permanente.

Oggi le nostre coscienze sono sistematicamente esposte a un bombardamento continuo che promette piacere e felicità a chi soddisfa una serie di esigenze e prestazioni esteriori all'insegna dell'avere e dell'apparire. Ciò di cui abbiamo realmente bisogno, invece, ciò di cui hanno soprattutto bisogno le nuove generazioni, è una pedagogia della gioia che insegni come imparare a gioire interiormente all'insegna dell'essere e dell'autenticità, in quella profondità esistenziale «dove né tarma né ruggine consumano e dove ladri non scassinano e non rubano».[85] Radicandosi su questa solida piattaforma dell'essere, la nostra coscienza produrrà sempre meno tristezza e risentimento, e sempre più gioia come sentimento permanente di letizia.

Ovviamente questa gioia di cui parlo non va concepita in contrapposizione al piacere corporeo e alla felicità psichica, come avveniva nel passato. Neppure però va commesso l'errore di identificarvela, perdendo il senso della distinzione e della gerarchia, come avviene oggi. Mentre infatti il principio del

[84] Antonio Gramsci, *Socialismo e cultura*, in «Il grido del popolo», 29 gennaio 1916, ripubblicato da «Left», n. 16, 22 aprile 2017.
[85] *Matteo* 6,20.

piacere e della felicità è concentrato sul soggetto e per raggiungere il suo scopo spesso distacca la mente dalla realtà tramite la finzione (la *fiction* con tutte le sue esplicitazioni), il principio della gioia è concentrato sulla realtà e la sua pedagogia abilita il soggetto a gioire della realtà in tutte le sue manifestazioni. Bella o brutta, comoda o scomoda, allettante o deprimente che sia, la realtà è comunque sempre autentica, e l'educazione alla gioia coincide con l'educazione al principio di autenticità e di realtà. Come ha scritto una delle anime più nobili del Novecento: «La gioia è il sentimento del reale».[86]

[86] Simone Weil, *Quaderni* [1942], a cura di Giancarlo Gaeta, Adelphi, Milano 1997^3, vol. II, p. 323.

VI. EPILOGO

Sono ancora nel pozzo, ma ora apro gli occhi, e i due antipatici topi, uno bianco e uno nero, che erano sopra la mia testa, non li vedo più. Guardo di sotto e anche il drago con le fauci spalancate sembra scomparso. Forse potrei scendere piano, o con un po' di attenzione lasciarmi cadere, ma preferisco rischiare e risalire alla luce, nella speranza che anche la belva feroce non ci sia più. Arrivo in superficie, tiro fuori la testa giusto lo spazio per un'occhiata e mi accorgo che anche la belva è sparita. Sono libero. Esco, felice. Ma non mi ritrovo nel deserto, sono a casa.

Qui le trappole del mondo non sono per nulla scomparse, gli enormi problemi che le costituiscono sono ancora tutti lì, e io lo so bene. Tuttavia, ho imparato a non farmi avvelenare la mente, a non partorire quei terribili mostri che prima mi avevano gettato nel pozzo senz'acqua del mio deserto interiore. Sono riuscito ad applicare il primo capitale consiglio di Epitteto: distinguere le cose che dipendono da me, da quelle che non dipendono da me.[1] Lavorerò sulle cose che dipendono da me, senza più farmi gettare nel pozzo dalle cose che non dipendono da me, ma piuttosto imparando a generare limpida energia mentale per affrontarle con serena determinazione e, quando occorre, con la dovuta indignazione, perché se è vero che esse non dipendono da me, è altrettanto vero che mi riguardano e mi stanno a cuore.

[1] Cfr. Epitteto, *Manuale*, I,1. Così nell'edizione a cura di Pierre Hadot: «Tra le cose che esistono, le une dipendono da noi, le altre non dipendono da noi», in *Manuale* di Epitteto, introduzione e commento di Pierre Hadot, tr. di Angelica Taglia, Einaudi, Torino 2006, p. 143. Così nella traduzione di Giacomo Leopardi: «Le cose sono di due maniere, alcune in potere nostro, altre no», citato da Epitteto, *Manuale*, tr. di Giacomo Leopardi, Edizioni Paoline, Milano 1959, p. 27.

È sulle cose che dipendono da me, però, che si gioca la partita della *mia* vita, di questa mia unica vita-laboratorio e del suo esperimento, ed è su di esse che da ora io mi concentrerò. Ripenso alle tre volizioni sbagliate che hanno scatenato gli animali feroci nella mia mente: attrarre, dipendere, riempire. E alle tre volizioni giuste che li hanno mandati via: non attrarre, non dipendere, non farsi riempire. Da questa mia liberazione sento che può sorgere la mia libertà, la quale al positivo si esprime come *volontà*: volontà di dedizione, volontà di indipendenza, volontà di accurata selezione del nutrimento vitale. E da questa rinnovata volontà sento che si genera una gioia profonda, calma, inestirpabile.

Vado in camera, chiudo la porta, mi raccolgo in silenzio. Dal mare calmo del mio spazio vuoto sento che sta arrivando il desiderio di dire grazie. Alla vita. *Gracias a la vida*, come cantò l'artista cilena Violeta Parra prima di andarsene. E forse, anche a qualcosa più importante della stessa vita.

BIBLIOGRAFIA ESSENZIALE

I libri che possono offrire itinerari di liberazione e condurre alla gioia, per fortuna, non mancano. L'umanità è stata capace anche di questo, e noi oggi siamo dei privilegiati a poterli leggere. Alcuni li ho citati in queste pagine, ma ricordarli tutti, ammesso che sia possibile, è ben al di là delle proporzioni e delle finalità di questo piccolo saggio. Qui mi limito a ricordare i testi da me conosciuti che provengono da situazioni di trappola radicale come il carcere o condizioni analoghe, composti da chi era consapevole di avere a che fare con la morte incombente a causa della tirannide (o del peccato mortale nel caso di sant'Agostino). Li segnalo omettendo per semplicità comunicativa i nomi dei curatori e dei traduttori, a differenza di quanto faccio nelle note dove sono sempre riportati.

Al primo posto:

Lettere di condannati a morte della Resistenza italiana. 8 settembre 1943-25 aprile 1945, Einaudi, Torino 2002[4].

Leggendole ripenso spesso a queste parole di Spinoza, tratte dal capitolo XX del *Trattato teologico-politico*: «Coloro che non hanno nulla da rimproverarsi non temono la morte come gli scellerati, né supplicano per ottenere la grazia; il loro animo non è angustiato dal rimorso per azioni turpi commesse. Il supplizio per loro, anziché essere infamante, è accolto quasi come un onore e come un destino glorioso, poiché sono convinti di morire per una degna causa e per la libertà».

A seguire, in ordine alfabetico:

Platone, *Apologia di Socrate*, in varie edizioni italiane; *Fedone*, in varie edizioni italiane.

Seneca, *Lettere a Lucilio* [65], in varie edizioni italiane.

Agostino, *Le Confessioni* [398], in varie edizioni italiane.

Severino Boezio, *La consolazione della filosofia* [524], in varie edizioni italiane.

Pavel Florenskij, *Non dimenticatemi. Dal gulag staliniano le lettere alla moglie e ai figli del grande matematico, filosofo e sacerdote russo* [1933-1937], Mondadori, Milano 2000.

Etty Hillesum, *Diario 1941-1943*, Adelphi, Milano 2012; e *Lettere 1942-1943*, Adelphi, Milano 2013.

Dietrich Bonhoeffer, *Resistenza e resa. Lettere e scritti dal carcere* [1942-1944], Edizioni Paoline, Cinisello Balsamo 1989².

Viktor Frankl, *Uno psicologo nei lager* [1946], Ares, Milano 2012²¹.

Concludo segnalando i due autori contemporanei che, accanto a Etty Hillesum, considero liberanti in sommo grado perché con la loro semplicità e con la loro profondità sanno giungere al cuore di ognuno, a prescindere da appartenenze religiose, orientamenti filosofici e formazione culturale. Si tratta del gesuita indiano Anthony De Mello (1931-1987) e del monaco buddhista vietnamita Thich Nhat Hanh (1926-2022).

Del primo segnalo: Anthony De Mello, *Messaggio per un'aquila che si crede un pollo. La lezione spirituale della consapevolezza* [1990, titolo originario *Awereness*], Piemme, Casale Monferrato 1995. Questo libro, capolavoro divulgativo dell'autore, inquietò non poco il Vaticano che il 24 giugno 1998 con una nota della Congregazione per la Dottrina della fede firmata da Joseph Ratzinger dichiarò le sue idee «incompatibili con la fede cattolica» e tali da «causare gravi danni»: un giudizio forse fondato nel primo caso, ma falso nel secondo, perché il libro non causa danni ma al contrario sana ferite, e lo può fare proprio perché è *incompatibile* con alcune affermazioni errate della dogmatica cattolica.

Del secondo autore segnalo: Thich Nhat Hanh, *Essere pace* [1985-89], Ubaldini, Roma 1989; e *Il dono del silenzio* [2015], Garzanti, Milano 2015. In verità la grandezza di Thich Nhat Hanh rende altamente consigliabile ogni altro suo scritto, soprattutto per imparare come procedere quotidianamente nella coltivazione gioiosa del proprio giardino interiore.

INDICE DEI NOMI

INDICE

Certificato PEFC

Questo prodotto è realizzato con materia prima da foreste gestite in maniera sostenibile e da fonti controllate

www.pefc.it

PEFC

PEFC/18-31-226

Questo libro è stampato col sole

Azienda carbon-free

Finito di stampare
nel mese di novembre 2023 presso
Grafica Veneta – via Malcanton 2, Trebaseleghe (PD)